ハワイアンモチーフの

キルト
デザイン

ハワイアンキルトのデザインの楽しみ方

マエダメグ

「デザインはどんな時に生まれますか?」「ある瞬間に降ってくるのですか?」そんな質問を よく受けます。私の場合デザインを起こそうと紙に向かったときに生まれるのです。それは長 年デザインを仕事としてきた訓練の積み重ねなのでしょうか。職人なのですね。

新しいプロジェクトを始めるときはたくさんのデッサンをします。自分で撮影してきた写真を 見ながら、また記憶を辿りながら。もしそれが見たことの無いモノであれば、もちろん取材に 行くことから始めます。例えばクジラのプロジェクトは小笠原へ通うことから始まりました。 見たことの無いモノはデザインしません。実物を見ないでデザインしても、キルトから感動は 生まれないのです。そしてたくさんのデッサンの中から、モチーフの持つ最大限の特徴を 最小限のラインで表現できるデザインを起こしていきます。

デザインが出来上がったら次は生地選びです。モチーフを見たときの光、風、温度、湿度な ど感じたすべてをキルトに込めたい欲張りな私は、できる限りそのイメージを表現できる生 地を探します。色もデザインの一部ですから個性も大切です。

こうしてモチーフの特徴、躍動感、デザインの美しさ、配色、オリジナリティ、たくさんの要素 をひとつに融合させたとき、新しいデザインが完成し、タペストリー製作へと進みます。パタ ーンデザインと生地がピッタリと合致したときには、縫い始める前から必ずいい仕上がりに なることを確信できます。後はひたすら縫うだけ。絵を描くように針を進めます。 そしてタペストリーが出来上がると、その象徴的なデザインの一部を使ってクッションやバ ッグ、ポーチなどの小さなキルトへと展開します。デザインの切り取りです。ひとつのデザイ ンから幾つものアプリケーションができていくことも楽しいデザイン作業です。

こんなふうに私のキルト製作が進みますが、常に心掛けていることは、デザイナーとしてい つも新しいスタイルを創り出すこと。そして日本の家で使いやすい形態にすることです。 アメリカのキルト友達は私のキルトをデザイナーズキルトと言います。きっと長年グラフィッ クデザインの仕事に携わってきたことが、キルト製作に大いに役立っていることを理解して くれているのでしょう。作家としての作品作りはもちろんですが、多くの方に良いデザインを 提供することも大事な私の役目のひとつと考えています。

マエダメグ

contents 目次

PROLOGUE 3

MONSTERA 8
アカカの滝に咲く花〜ふたたび
大きな葉を一枚
モンステラのクッションふたつ
モンステラとトライバルのバッグ

LILIKOI 14
ボニンアイランド・紫の果実〜リリコイ
リリコイのレクタングルバッグ
リリコイのフレームキルト
リリコイの三つ折りケース

BANANA LEAVES 20
バナナリーフの3連パネル
バナナリーフのステッチトートとポーチ

ULU 24
大きなパンの木の下で
小さなパンの木のタペストリー
パンの木のクッションふたつ

RAINBOW SHOWER TREE 28
シャワーツリーの大きなタペストリー
シャワーツリーの花降るタペストリー
シャワーツリーのスクエアバッグと半円ポーチ

LOKELANI 32
ロケラニの咲く庭
額の中で咲いたバラ
ロケラニいっぱいの半円バッグ
ロケラニのソーイングケース

MARINE LIFE 38
マッコウが泳ぐ光る海
勇魚泳ぐバッグ
お昼寝マッコウのバッグ・お散歩マッコウのポーチ
マンタのちびバッグ・ホヌのちびバッグ
スカシカシパンの二つ折りポーチ
波のステッチトート
シーホース・ゲッコー・バナナリーフのL字ファスナーポーチ

LANDSCAPE 50
Hanalei Moon (ハナレイ・ムーン)
Kaimana Hila (カイマナ・ヒラ)
Balihai Sunset (バリハイ・サンセット)
Moonlight Manta (ムーンライト・マンタ)

QUILT LESSON 56

FABRIC SHOP 64

HOW TO MAKE 65

monstera モンステラ

大きな葉にたくさんの切れ込みと穴があいたモンステラ。
その特徴的なデザインのためパターンの一部分を大胆にトリミングしても違和感のない面白いモチーフです。
葉の全体を見せるより製作サイズに収まらないデザインにするとモンステラの葉の大きさを強調できるのです。

01 アカカの滝に咲く花〜ふたたび

今から15年前に製作した「アカカの滝に咲く花」をリデザインしたキルトです。
デザイン・生地そしてキルティングも以前とは違った手法で製作しています。
モチーフはより実物に忠実に、生地は自ら藍染で、キルティングは糸の太さや
ピッチにこだわって。モノトーンで仕上げたことで静と動が存在するキルトにな
りました。　110×110cm　How to make / P66

02 大きな葉を一枚

タペストリーのモンステラの一部分を切り取って拡大したものです。
葉の一部だけをフレームに納めたことで、モンステラの大きさを感
じます。壁掛け、床置き、どちらも飾れるグラフィカルなフレームキルト
です。 56×34cm How to make / P67

03 モンステラのクッションふたつ

45cmの正方形に2通りのデザインの切り取りをしてクッションに仕立てました。こんなに大胆な切り取りでも一目瞭然なのはモンステラだからこそです。色を入れ替えて変化をつけるとふたつのデザインがより効果的になります。
45×45cm How to make / P68

04 モンステラとトライバルのバッグ

シルエットの面白さでデザインすると、トライバル柄との組み合わせが
ぴったりです。無地2色が断然クール。ホワイト×ブラックやサックス
ブルー×ブラウンなど、コントラストの強い色合わせがお勧めです。
25×35×6cm　How to make / P70

lilikoi リリコイ

小笠原・母島のリリコイ農園にお邪魔したのは3年前の初夏でした。
季節になるといつも送ってくださる農園のオーナーさんのご好意で初めてリリコイ畑を見せていただきました。
1本の茎からたくさんの蔓が伸びていき、棚いっぱいに葉を繁らせ実をつけている光景を夢中でスケッチしました。
力強く伸びる蔓、特徴的な三枚葉、たわわに実る紫の実。この3つの要素からデザインを起こしています。

05 ボニンアイランド・紫の果実〜リリコイ

農園の棚いっぱいに蔓を伸ばし葉を繁らせたグリーン。実を結んだ果実の紫。空と海の青。その色彩と構図はあまりにも印象的でした。構図はパターンデザインで、色彩は生地の色で思い通りのキルトが出来上がりました。リリコイをぎうぎうに。
160×110cm How to make / P69

リリコイの実の中にぎっしり詰まった種はバックステッチでしっかり見せます。

06 リリコイのレクタングルバッグ

縦長のタペストリーから最大限のデザインを切り取った
1:2の横長バッグ。モチーフはタペストリーと同じ生地を
使っていますが、土台生地は少しカジュアルなプリント生
地に替えました。マチ無しバッグはシャープなイメージ。
颯爽と肩がけで。　25×50cm　How to make / P72

07 リリコイのフレームキルト

大きなサイズは飾りにくいというときは小さく作ってフレームに入れましょう。サイズがグッと小さくなってもデザインの要素は同じです。マットを入れるとキルトがおすまししているみたいです。　70.5×43.5cm　How to make / P74

08 リリコイの三つ折りケース

リリコイのデザインでいちばん小さな展開ですが、これも必要最低限のデザイン要素を満たしています。小さな持ち歩きのケースだからこそ、明るいマゼンタ色を選びました。バッグの中で楽しくウキウキ光ります。　20×12cm　How to make / P75

日本でもバショウとしてデザインモチーフによく使われているバナナリーフ。
風が吹くと大きな葉が揺らぎ、細かな葉脈は裂けてより涼やかな印象になっていきます。
シンプルなシルエットが南国の風を感じさせてくれます。

09 バナナリーフの3連パネル

ひとつのデザインを3枚のキルトで作ります。基本は屏風のイメージです。
パネルにすると厚みと立体感も楽しめますね。フラットな壁面でもカーブ
した壁面でも飾ることができます。インテリアパネルとしての新しいキルト
の使い方です。　1枚54×38cm　How to make / P76

10 バナナリーフのステッチトート

バナナリーフの形と葉脈をバックステッチで刺した大きめトートバッグです。爽やかな質感の生成りコットンリネンには真っ赤な糸とレザーの持ち手を選びました。

35×40×18cm　How to make / P77

11 バナナリーフのステッチポーチ

トートバッグとお揃いのぺたんこポーチ。赤のファスナーで色も揃えます。シルエットだけのステッチで仕上げました。　11.5×20cm　How to make / P78

ulu パンの木

パンの木は成長や豊かさの象徴としてハワイアンから愛される大切な植物です。

ファーストキルトのモチーフとして選ばれることが多いのも有名なお話。キルターにとって最も身近な存在です。

12 大きなパンの木の下で

ハワイ島ヒロにある友人のニックさんのご自宅には大きなパンの木があります。その下にポツンと置かれたベンチに座ると木の呼吸が聞こえてきます。太い枝が縦横無尽に伸び、団扇のような葉の間からパンの実がゴロンと顔を覗かせます。そのひんやりとした空気までグリーンに色づいているような大好きな場所です。　160×110cm　How to make / P79

13 小さなパンの木のタペストリー

タペストリーの象徴的な部分から、太い枝、葉と実を切り取っています。
50cmスクエアに収まらないデザインがパンの木の強い生命力や躍
動感を感じさせます。力強いデザインに負けないように、バインディン
グは個性のあるバティックの布でいつもより太めに仕立てています。
53×53cm　How to make / P80

14　パンの木のクッションふたつ

左ページのキルトと同様にタペストリーのパターンから好きなパーツを組み合わせています。ふたつのクッションは少しだけデザインを変え、生地を入れ替えて作りました。色でイメージがガラリと変わります。　45×45cm　How to make / P81

シャワーツリーには花の色が違う種類がありますが、レインボウシャワーツリーはホノルル市の花になっていることからも、街路樹として目にすることが多いと思います。ハイブリッドなので花の色が入り乱れて咲く様子は多くの人の目を楽しませていることでしょう。

rainbow shower tree レインボウシャワーツリー

15 シャワーツリーの大きなタペストリー

丸い小さな花が房のように咲く可愛らしくもゴージャスな印象。葉が左右に規則正しく並んでいる面白さ。そして大きく大きく成長していく樹木としての逞しさ。これがデザイン要素です。ひとつひとつの花はキルティングでていねいに表現しています。

219×219cm How to make / P82

16 シャワーツリーの花降るタペストリー

サイズが100cmと小さくなった場合はモチーフの向きを反対にします。こうするとデザインが小さくまとまってしまうこともありません。大きなタペストリーにも負けない存在感のあるキルトになりました。
100×100cm　How to make / P83

17, 18 シャワーツリーのスクエアバッグと半円ポーチ

100cmのタペストリーから1/4をそのまま切り取ってバッグに仕立てました。正方形だからできる
デザインの切り取り方です。もっと小さなポーチではモチーフの象徴的な部分のみを。花房と葉
の先端だけを切り取っています。

バッグ:35×35×7cm　ポーチ:16×30cm　How to make / P84,86

ロケラニはハワイ語で「天国のバラ」。外来種であるにもかかわらずハワイの人に愛されたことがその名前からよくわかります。

特に香りの良い濃いピンクの八重咲きをロケラニやマウイローズと呼んでマウイ島の花にも制定されています。

lokelani ロケラニ

19 ロケラニの咲く庭　マウイ島の何処だったでしょうか。あるお宅の前を通りかかったときピンクの視界が広がりました。たくさんの八重咲きのバラです。その華やかな色となんとも言えず良い香りがしたことを鮮明に覚えています。そしてその印象的な記憶はピンクにマゼンタをのせた強い色合いのキルトになりました。　160×110cm　How to make / P87

20　額の中で咲いたバラ　ある時から平面では飽き足らず3Dの花を作ることを始めました。キルトから浮かび上がる花は2Dのキルトに強い存在感をもたらします。キルティングのバラと3Dのバラ。静と動を小さな額に収めました。　50×29cm　How to make / P88

21 ロケラニいっぱいの半円バッグ　タペストリーのパターンから花の部分を使ってステンドグラスキルトのバッグに展開しました。アップリケをするときは、ラインの太さが一定にならないようにすることが大切。ラインに強弱がつくとモチーフが生き生きとします。イエローとクールグレイの色の組み合わせが爽やかな印象になりました。　30×60cm　How to make / P90

22 ロケラニのソーイングケース　バッグと同じく外ぶたには花一輪をステンドグラスキルトで。内ぶた、側面、底には蕾のパターンを使っています。キルティングではデザインがぼやけてしまうので、刺繍糸を使ったバックステッチで描きます。　11×16×8cm　How to make / P92

私のキルトモチーフには海の生物は外せません。
クジラやウミガメ、カシパンやときにはゲッコーも楽しいデザインモチーフです。
もちろん実際に見ないことにはデザインできません。
ですから時には取材旅行をすることもありますが遭遇率は100%。

23 マッコウが泳ぐ光る海

クジラと言えば小笠原ですが、このキルトのマッコウクジラに会ったのは7月初めのことでした。ザトウクジラと違って歯クジラのマッコウクジラはダイオウイカを捕食しますので、水深1,000m程の水域に生息しています。広い海を水中集音器を頼りに探します。そして運良く一頭のマッコウクジラが水面近くをボートに向かって泳いできました。とにかく大きい。太い胴体に小さな胸びれ、その近くに小さな目がこっちを見ています。私を見ている！そんな経験はもう二度とないでしょう。マッコウクジラの泳ぎ去った海はキラキラと光り、海中は何処までも光が届いているかのような青でした。海とマッコウクジラはステンドグラスキルトで。空は海とのメリハリをつけるために白生地をいかしてステッチを施しています。

105×105cm　How to make / P94

24 勇魚泳ぐバッグ

ザトウクジラも3月の小笠原で見ることができました。子育て中なので島から近い浅い海域にいます。ですから見つけるのはマッコウクジラより遥かに容易なことでした。目の前をザトウクジラが泳いでいく光景は大きなヨットが水飛沫をあげて海面を滑っていくような迫力です。バッグのフォルムを半円形にしたことで、ザトウクジラのデザインがいきてきます。大きくて入りきらない尾は裏側にデザイン。そう、なんせ大きいのですから。ザトウクジラのパターンも水の渦巻く流れも、太いキルト糸を使ってバックステッチしています。

30×60cm　How to make / P96

25 お昼寝マッコウのバッグ

マッコウクジラは垂直になって群れで睡眠をとります。ですからバッグ
は縦型。身体のフォルムがシンプル過ぎて扱いにくいモチーフですが、
たくさんアップリケすれば面白いデザインになります。ポイントはあえて
補色のイエローの持ち手。 36×24×6cm How to make / P98

26 お散歩マッコウのポーチ

食休み中のマッコウクジラ。腹ごなしにお散歩です。小さな目をステッ
チすると、あの日私をじろーっと見ていたマッコウクジラそのものです。
キルトラインはたくさん入れず、ふっくら仕上げます。もちろんイエローの
ファスナーで。 20×30cm How to make / P95

27 マンタのちびバッグ

ハワイ島には何か所かマンタの観察ポイントがあります。ちょっと怖くてまだ一緒に泳いだことはありません。トライバルのマンタの背中にはホヌをデザインしました。いつか一緒に泳ぐことを夢見て。
30×30cm　How to make / P100

28 ホヌのちびバッグ

ハワイ島ヒロの静かな入江には大きなホヌが棲みついています。数年前、キルトの撮影をしているときにずっとそばで泳いでくれました。背中にはボーンフックをデザインしています。　30×30cm　How to make / P100

マンタとホヌのどちらも裏面は、トライバル柄の波とスカシカシパンをバックステッチで入れて仕上げました。

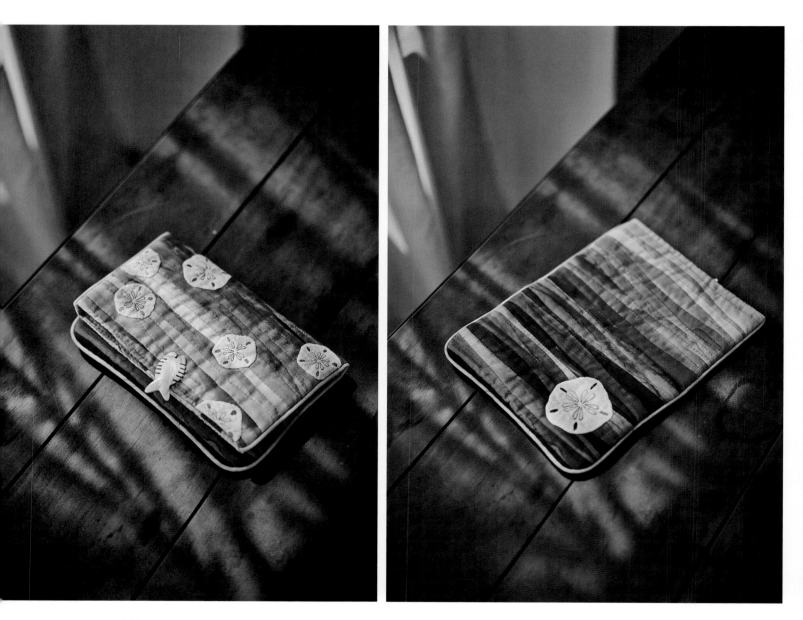

29 スカシカシパンの二つ折りポーチ　ビジュアルが大好きなカシパンを小さなアップリケで
たくさん、グラデーションで接ぎ合わせたベースにのせました。幸せが詰まるという穴は米粒ほどの小さな
リバースアップリケです。　15×20cm　How to make / P102

30 波のステッチトート

ブルーのオックス生地にターコイズブルーのバックステッチ。波のトライバルデザインです。ベージュのレザーの持ち手が控えめな差し色です。　35×40×18cm　How to make / P104

31 シーホースのL字ファスナーポーチ　ポーチはプリント生地で遊
びます。小さなハギレで作れてバインディングもなし。片手でササッと開閉できる
ようにファスナーはL字につけました。　10×20cm　How to make / P106

32 ゲッコーのL字ファスナーポーチ　日本ではヤモリと言って家を守る大切なモチーフです。リアルにならないように派手で明るい色でアップリケしましょう。ドットプリントは小物向きですね。　10×20cm　How to make / P106

33 バナナリーフのL字ファスナーポーチ　バナナリーフの形とセンターの葉脈だけでデザイン。イエローのプリント生地にライムグリーンのアップリケがバナナらしいイメージに仕上がりました。　10×20cm　How to make / P106

ハワイの印象的な風景をキルトに縫い始めたのは17年前でした。

美しいマウナケアビーチに花をたくさん咲かせたり、カウアイ島バリハイの夕焼けにプルメリアを咲かせたり。

その度に新しい3Dの花をカタチにしました。そこにはハワイアンキルトにはない面白さがあります。

34 Hanalei Moon（ハナレイ・ムーン）　ハワイアンソングでも有名なハナレイ湾
に浮かぶ月。夜の海と空をフレームに押し込め、パンの木とトーチジンジャーはフレーム
から飛び出しています。この構図が静と動、植物の生命力、風景としての奥行きを作ります。
その名の通り真っ赤に燃えるようなトーチジンジャーが主役です。実物の迫力に負けない
ように花には厚みを持たせて作りました。　参考作品

35 Kaimana Hila（カイマナ・ヒラ）　カイマナ・ヒラとはダイヤモンドヘッドのことです。オアフ島のランドスケイプでもあるこの山。ワイキキビーチから望む風景は誰もがよく知る構図です。ここにパームツリーと3Dのブーゲンビリアを配しました。ブーゲンビリアは中心の3つの小さな白い部分が花です。これをビーズを使って表現しています。　40×40cm　How to make / P107

36　Balihai Sunset（バリハイ・サンセット）　カウアイ島ノースのマカナ・ピークはハリウッド映画「南太平洋」
に伝説の楽園バリハイとして登場します。美しいバリハイの夕日を見るために、プリンスヴィルのホテルのテラス席を
予約したのは数年前のことでした。パームツリーのシルエットとボーダーの黒は空の色とのコントラストに大事な色。夕
闇に香りたつプルメリアがこの風景の中でとても印象的でした。　42×52cm　How to make / P108

37 Moonlight Manta（ムーンライト・マンタ）　ハワイ島ケアウホウの小さな入江には毎晩マンタがやってきます。
月の光を浴びてひるがえったひれが白く浮かび上がるのがとても幻想的で、ここでマンタに会うことが何よりの楽しみとな
りました。月夜の海はグラデーションでアップリケ。真っ赤なアンスリウムが際立ちます。
43×43cm　How to make / P110

デザインの展開と、いつものキルト製作の手順をレッスンしてみましょう。

パーツを組み合わせたり、部分的に切り取ったり。

デザインは難しくても、既存のパターンからデザインを切り取ることは簡単です。

デザイン展開の考え方

キルトのデザインを小物に展開する方法を解説します。好きなデザインでお揃いを作ったり、自分なりにアレンジして楽しんでください。

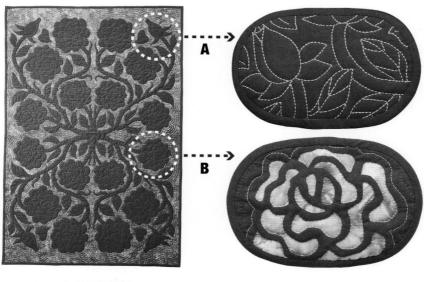

Case 1　ロケラニ

A 内ぶたや側面は外ぶたとのメリハリを考えてステッチキルトで仕上げることにしました。小さな面積にステッチでデザインを施すなら、大きな花を入れるより、繊細なつぼみと葉で構成した方が素敵です。

B ソーイングケースの外ぶたはインパクトのあるデザインが好ましいので、大輪の花を配します。キルトラインをそのままいかせるデザインなので、ステンドグラスの手法に変えています。同じパターンからまったく違うデザインのように展開できました。

Case 2　リリコイ

C タペストリーのデザインがいちばん集約されている部分を切り取っています。縦横の比率が違うのでバッグの原寸サイズに展開したとき、空間の空き方や葉のカーブなどを微調整して全体の収まりを良くします。
また、キルトとはサイズが違うので細かすぎる蔓のカールなどの縫いにくい部分は簡略化しましょう。

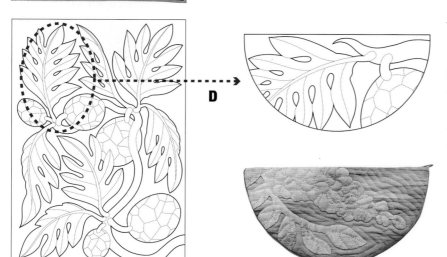

Case 3　応用　小物に違うデザインを当てはめる

D 31ページの半円ポーチにパンの木のデザインを配置します。
タペストリーのパターンから葉と実のバランスの良い部分を切り取ります。収まりを見ながら鏡像にします。モチーフが何であるかが容易にわかる程度に切り取りましょう。こうするとパンの木の生命力や躍動感がいきてきます。

キルトの作り方

モチーフの写し方から仕上げのバインディングまで、ハワイアンキルトの作り方を順を追って解説します。基本的なアップリケ以外に、上の布（土台布）をくり抜いて下の布（モチーフ布）を見せるリバースアップリケ、立体の花の作り方も解説しています。

額縁仕立て

土台布

アップリケ布
アップリケ

落としキルティング

エコーキルティング

キルティング

バイヤステープ
ダブルバインディング

手順　1.図案（モチーフ）をアップリケ布に写す。

2.アップリケ布をカットし、土台布にアップリケしてトップを作る。

3.裏布、キルト芯に2のトップを重ね、3枚をしつけをかけてキルティングする。

4.周囲をバインディングで始末して完成。

＊わかりやすいように針目を大きく、赤などの目立つ色の糸で縫っています。実際に縫うときは、小さな針目で布に近い色の糸で縫ってください。

1. モチーフを布に写す

 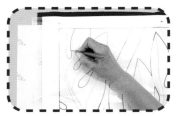  

1 図案、アップリケ布、土台布を用意します。アイロンをかけてシワを伸ばしておきます。

2 アップリケ布、手芸用複写紙、図案、セロハン（OPP）の順に図案と布の中心を合わせて重ね、トレーサーで図案通りになぞります。図案の内側のキルティングラインもなぞります。

3 図案を写したら、アップリケ布を土台布に中心を合わせて重ね、まち針でとめます。

4 図案に沿ってしつけをかけます。線から約1cm内側を縫い糸で、約1cmの間隔で縫います。すべてにしつけをかけたらアップリケをします。

2. アップリケをする　―基本のたてまつり―

1 0.3cmの縫い代をつけて図案の外側をカットします。一度にすべてをカットせずに、少しずつカットしては縫うことを繰り返します。

2 線のきわを親指で押さえ、針先で縫い代を折り込みます。針はアップリケ針を使います。

3 アップリケ布の折り山のきわに針を出し、すぐ下の土台布に針を入れます。そのまま約0.2cm先のアップリケ布の折り山のきわに針を出します。これを繰り返してまつります。

4 このように等間隔に針目が並びます。

ーへこんだカーブー

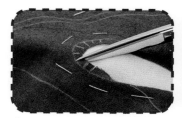

1 印のようにカーブに合わせて縫い代に切り込みを入れます。カーブがバイヤス方向ならば、たくさん切り込みを入れなくてもかまいません。

2 カーブの約2cm手前までまつったら針を止め、カーブの向こう側の縫い代に針先を入れて折り込みます。

3 針を手前に向かって水平に回転させて縫い代を折り込み、なめらかなカーブを描くようにぐるりと針を回します。

4 そのまま、まつっている折り山までなめらかにつなげます。ぐるりと針先を回せば自然と縫い代が折り込めます。

5 カーブ部分までまつります。カーブ部分は切り込みが入っているので、直線部分よりも内側に針を出してまつります。

6 さらに約0.1cm間隔で細かく巻きかがりをするようにまつります。

7 カーブが過ぎれば約0.2cmの間隔に戻してまつります。

ーV字のへこみー

1 V字の底から2〜3cm手前までまつったら針を止め、V字の中心に直角に切り込みを入れます。先のとがった小さなはさみを使うと便利です。

2 V字の底の切り込みに針先を入れ、縫い代を折り込んでいきます。

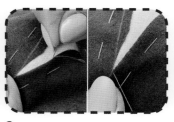

3 そのまま、まつっている折り山までつなげて底のひと針手前までたてまつりで縫います。

4 底に針を出します。底には縫い代(折り山)がないので、少し内側をすくいます。

5 次の辺の縫い代を、針先で底まで折り込みます。

6 そのまま底に針を入れてまつります。

7 底を2針まつり、次の辺に針を出してまつります。

8 縫い目はこのようになります。V字が難しいときはカーブにまつってもかまいません。

―とがった部分―

1 とがった角の約0.3cm手前からやや細かくまつります。細かくまつることで、次の辺で折り込む縫い代の端が出ないようにします。

2 角に針を出し、いったん針を止めます。

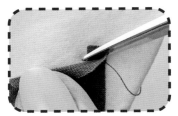

3 折り込んだ縫い代が次の辺に出ないように、余分な縫い代をカットします。

4 針先で角の縫い代を直角に折り込みます。

5 すぐに次の辺に針先を入れ、縫い代を折り込みます。親指で押さえてしっかりと角を形作ります。

6 角の真下の土台布に針を入れ、次の辺に針を出してまつります。角の周辺はやや細かくまつります。

7 そのまま次の辺をまつります。きれいな角ができました。

3. しつけがけ ―キルティングをする―

1 アップリケがすべてでき、トップが完成しました。次はアップリケの周囲に等間隔に広がるエコーキルティングと出来上がり線を描きます。

2 エコーキルティングはアップリケの1cm外側に、図案に沿って全体のバランスを見ながら描きます。せまい部分は0.8cmでもかまいません。出来上がり線は縫い縮み分を加えた寸法を周囲に引きます。

3 裏布、キルト芯にトップを重ねます。手でならして平らにします。

4 要所要所をまち針でとめてからしつけをかけます。中心から放射状に十字、対角線、さらにその間に3本の順にかけます。

5 端までキルティングしやすいように、補助布をつけます。補助布を二つ折りし、出来上がり線の外側に重ねてしつけ糸2本取りでしつけよりも細かく縫います。

6 周囲に補助布がつきました。これで端までフープがはめられる大きさになりました。

7 キルトの下にフープの内枠を置き、外枠を上からはめ込みます。裏からキルトを均等に押し上げて少しゆるませます。キルトをゆるませることで、針で布をすくいやすくなります。

8 キルティングラインの1cm離れた場所から針を入れ、トップだけをすくってライン上に針を出します。糸は50か40番が一般的ですが、やや太めの40か30番の糸を使っています。

9 そのまま糸を引いて玉結びを布の中に引き入れます。表から玉結びが見えなくなるのできれいです。

10 中指にシンブルをはめ、指の腹に針を当てて奥から手前に向かって3層一緒にステッチします。

11 針を持たない方の手をキルトの裏（裏布側）に入れ、指先で針を確認しながら3層をすくい、3、4針刺したら針を抜きます。

12 アップリケから約0.1cmのきわにキルティングをすることを落としキルティングと言います。モチーフがさらに浮き上がって見えるので必ず入れます。キルティングの仕方は同じです。

4. バインディング　—仕上げをする—

1 キルティングまでできました。ここでしつけをはずします。

2 出来上がりサイズに印をつけ直し、カットします。ロータリーカッターを使ってまっすぐにカットするときれいです。

3 バイヤステープを作ります。布を45度に置き、布端を中央で突き合わせます。このように折りたたむことで長い距離のテープをカットできます。

4 左右の三角に折りたたまれた部分は使いません。テープが二重のダブルバインディングにするので、9.5cm幅でカットします。幅の出し方は、バインディングの幅（ここでは1.5cm）×6＋0.5cmで切りのいい数字にします。

   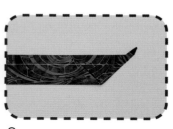

5 キルトの周囲の長さに合わせて4本カットします。左右の斜めのラインの向きが揃っているのを確認し、テープ同士をつなぎます。

6 0.7〜1cmの縫い代の印をつけ、印を合わせてまち針でとめます。端をずらして合わせるのがポイントです。ずらしておかないとテープを広げたときに段差ができ、まっすぐなテープになりません。

7 印の上を縫い、縫い代を片倒ししてテープを広げます。飛び出した余分な縫い代はカットしておきます。

8 テープを外表に二つ折りして二重にします。テープの端からバインディングの幅の1.5cmに印をつけます。

9 キルトの周囲に合わせてまち針でとめ、本返し縫いで縫います。

10 角の手前まで縫ったら、定規を当てて1.5cmに印をつけておきます。

11 印をつけたところまで縫い、針を休めます。

12 テープを直角に折って次の辺に合わせます。角は三角に立ち上がるので、キルトの端とテープの折り山も合わせます。

13 印をつけた角に針を入れ、テープだけを通して反対側に針を出します。そのまま次の辺を本返し縫いで縫い進めます。

14 テープのつけ終わりは、つけ始めに1.5cmほど重ねて入れ込みます。テープが長い場合は、二重のままではなく開いて一枚にしてから1.5cmに斜めにカットします。最後まで縫って玉止めをします。

15 テープを裏に折り返して縫い代をくるみ、縫い目が隠れるようにまち針でとめます。テープのわの部分をまつります。

16 たてまつりでキルトの端まで縫います。角は45度に折りたたんで整えます。

17 端まで縫ったら布の中を通して戻り、角に針を出します。

18 次の辺の縫い代をテープでくるんでまち針でとめます。角が斜めに折りたたまれて合います。

19 折りたたんだ角をひと針すくって縫い止めます。

20 そのまま次の辺をまつって縫い進めます。ぐるりと一周まつれば完成です。

ーリバースアップリケのしかたー

1 土台布(左)とモチーフ布(右)を用意します。リバースアップリケは普通のアップリケとは布が逆になります。土台布に図案を写しておきます。

2 モチーフ布に土台布を重ね、しつけをかけます。縁取りのようにアップリケをするので、図案に沿って縁の中心にしつけをかけます。

3 縫い代0.3cmをつけて図案をくり抜きます。下のモチーフ布が見えてきました。

4 印で縫い代を折り込みながらモチーフ布にまつります。アップリケのしかたは58ページからと同様です。

立体の花の作り方
34ページのロケラニの3Dの花で解説します。ハート形のパーツは52〜55ページのモチーフの作り方です。返し口の位置が違います。

1 花びらのパーツを作ります。不織布の接着芯ののり面を上にして図案を写します。すべての花びらを写したら印でカットします。

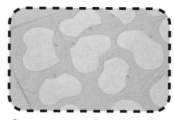

2 花びらの布の裏に1の接着芯をはり、布を中表に合わせて接着芯の周囲を縫います。花びらの付け根は返し口にするので縫い残します。ハート形の花びら一枚は縫い代を残さずにぐるりと縫い、丸は縫わずにおきます。

3 縫い代0.3cmをつけてすべてのパーツをカットします。縫っていない丸もカットします。ハート形は接着芯をはっていない方の布の中心に切り込みを入れて返し口にします。

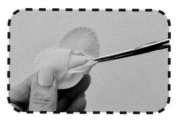

4 返し口から表に返します。鉗子を使って布を引っ張り出すと、端まできれいに返すことができます。

5 花びらのパーツができました。丸以外の花びらのパーツをすべて作ります。

6 中心のパーツを作ります。6cm角の正方形を2枚用意し、三角形に二つ折りします。バイヤス地になっている長辺を指で引っ張って伸ばします。

7 接着芯をはっていない丸パーツの表に6の三角形を重ねます。ピッタリと重ねずに中心を少し浮かせるようにまち針をとめます。

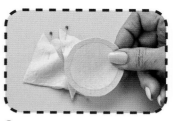

8 接着芯をはった丸パーツを中表に重ねます。

9 周囲をぐるりと縫います。三角形の余分な縫い代はカットしておきます。

10 接着芯をはっていない丸パーツに切り込みを入れて表に返します。重なった三角形パーツが少し浮いた状態になります。

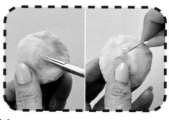

11 切り込みから手芸綿を少し詰めてふっくらとさせ、切り込みを粗くかがって閉じます。

12 図案の上にチュールなどの透ける素材を重ね、1番から5番までの花びらを合わせます。付け根をチュールに縫い止めます。

13 次に6番から10番を順番に重ねて縫い止めます。

14 最後に11の丸パーツを中心に合わせ、表から針目が見えないように裏を2、3か所かがります。立体感が損なわれないようにしてください。

15 余分なチュールをカットし、表から見えないようにします。

16 立体の花の完成です。

Fabric shop

本書に使っている生地を紹介します。手染めのシーチングは、手芸店で購入できる無地（エイティスクエア）でもかまいません。

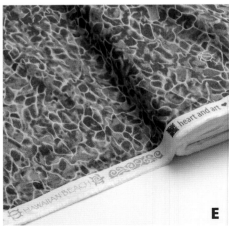

A~D **オリジナルバティック** ミウミントアロハとの共同プロデュースで製作した使いやすい生地です。土台、モチーフ、ボーダー、裏生地と多用途で便利にお使いいただけます。

お問い合わせ先　ミウミントアロハ
https://www.rakuten.ne.jp/gold/miu-mint

E **オリジナルプリント生地** 海のキルトのために作りました。きらきら輝く水面のパターンに小さなホヌが泳いでいます。

お問い合わせ先　ハート・アンド・アート
https://heartandart.amebaownd.com

むら染 土台生地として、またリバースアップリケのモチーフ生地として使いやすいむら染生地。すべて手染めです。

お問い合わせ先　Shades Textiles Japan　木村
http://shadestextiles.jp　kimura@shadestextiles.jp

手染めシーチング いつも使う無地のシーチングは色を指定して染めていただいてます。とても縫いやすい生地です。

お問い合わせ先　八木ちひろ
〒631-0031 奈良県奈良市敷島町1-557-27

● 図中の数字の単位はcmです。

● 基本は土台布にアップリケ布をアップリケします。

● アップリケ布には約0.3cmの縫い代をつけます。指定以外は
0.7〜1cmの縫い代をつけます。

● キルティングをすると少し縮むので、周囲の縫い代を余分につ
けておき、キルティングした後で寸法通りにカットします。縫い縮
みを考えて、出来上がりよりも外側までキルティングしておきます。

● 56ページからのキルトレッスンも参考にしてください。

● 図案を写すときは、薄い色の布の場合は下に図案を重ねて透
かして写してもかまいません。

● アップリケするときは一度にカットせずに、土台布にアップリケ
布をしつけでとめて少しずつ切りながらまつります。

● 型紙は指定の拡大率にコピーなどで拡大してご利用ください。

● 布は好みのものを使いましょう。64ページのショップ紹介も参
考にしてください。

● パイピングコードは市販のものを使っていますが、ご自分で作る
場合は各作り方ページの材料図と寸法図を参考にしてください。

● 材料の布のサイズは多めに記載しています。特にバインディン
グは細かく縫い合わせなくてもよいようにしています。

● 作品や型紙は個人で作って楽しんでいただくためのものです。
無断での展示や販売などはご遠慮ください。

01 アカカの滝に咲く花〜ふたたび

型紙＊A1

材料
土台布…110×110cm
アップリケ布（紺）…110×110cm
アップリケ布（白）…60×60cm
裏布・キルト芯…各110×110cm
バインディング布…100×110cm

作り方
1）アップリケをしてトップをまとめる。
2）裏布、キルト芯にトップを重ね、しつけをかけて
　キルティングする。
3）周囲をダブルバインディングで始末する。

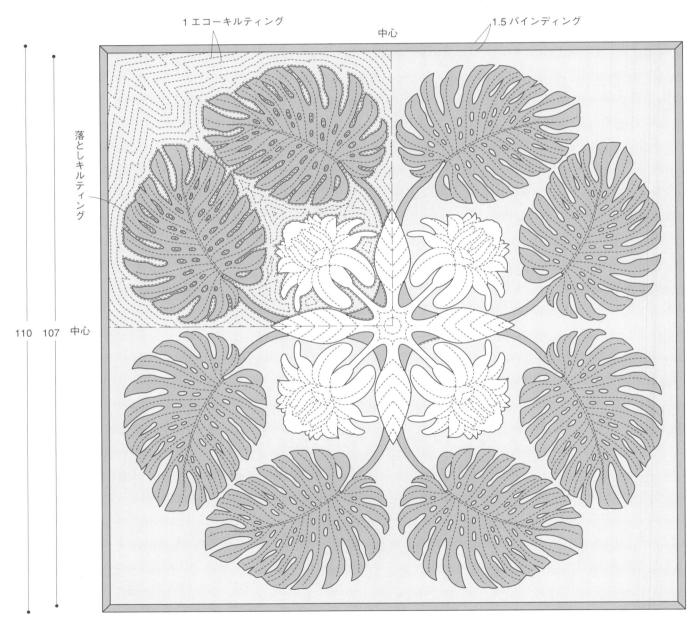

1 エコーキルティング　　　中心　　　1.5 バインディング

落としキルティング

110　107　中心

107

110

02 大きな葉を一枚

材料
土台布…65×40cm
アップリケ布…65×40cm
裏布・キルト芯…各65×40cm
内寸53.5×31.5cm額…1枚

作り方
1）アップリケをしてトップをまとめる。
2）裏布、キルト芯にトップを重ね、しつけをかけて
　　キルティングする。
3）仕上がりサイズに断裁する。
4）額に入れる。

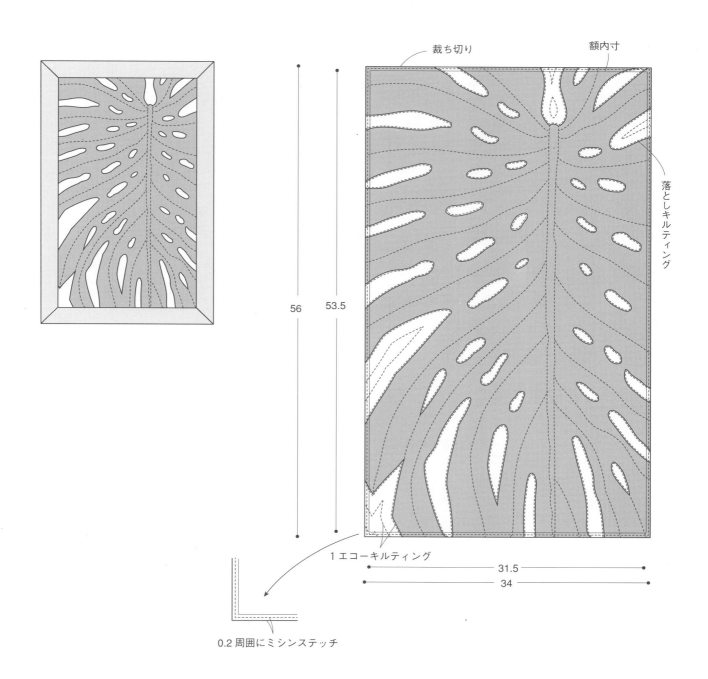

裁ち切り

額内寸

落としキルティング

56

53.5

1 エコーキルティング

31.5

34

0.2 周囲にミシンステッチ

03 モンステラのクッションふたつ

型紙＊A3

材料

土台布…50×50cm
アップリケ布…50×50cm
本体後ろ用布…50×70cm
裏布・キルト芯…各50×50cm
45cm角ヌードクッション…1個

作り方

1）アップリケをしてトップをまとめる。
2）裏布、キルト芯にトップを重ね、しつけをかけてキルティングする。
3）本体後ろを作る。
4）本体前と後ろを中表に合わせて縫う。
5）縫い代を始末し、表に返してヌードクッションを入れる。

A 本体前 1 枚

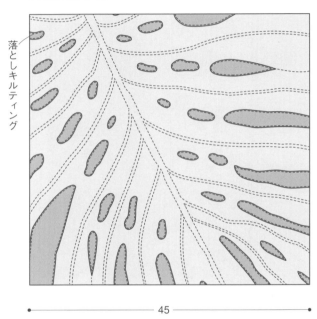

落としキルティング

45

45

B 本体前 1 枚

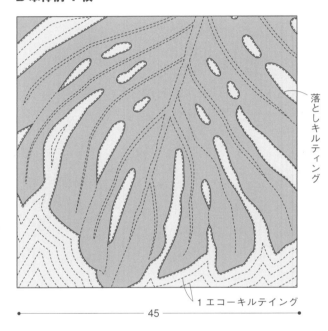

落としキルティング

1 エコーキルテイング

45

本体後ろ 2 枚

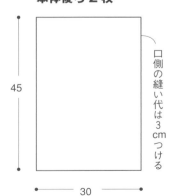

口側の縫い代は3cmつける

45

30

本体後ろの作り方

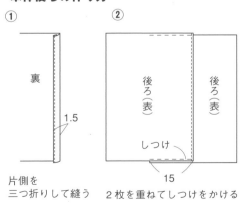

① 裏

1.5

片側を三つ折りして縫う

② 後ろ（表）　後ろ（表）

しつけ

15

2枚を重ねてしつけをかける

仕立て方

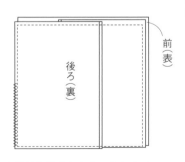

後ろ（裏）

前（表）

本体前と後ろを中表に合わせて
周囲を縫い、表に返す
縫い代はジグザグステッチか
バイヤステープでくるんで始末する

材料

土台布…170×110cm
アップリケ布（バインディング分含む）
…270×110cm
裏布・キルト芯…各170×110cm
太刺繍糸…適宜

作り方

1）アップリケをしてトップをまとめる。
2）裏布、キルト芯にトップを重ね、しつけをかけて
　キルティングと刺繍をする。
3）周囲をダブルバインディングで始末する。

バックステッチの刺し方

① 2入 □ 1出

② 4入 3出 2入 1出

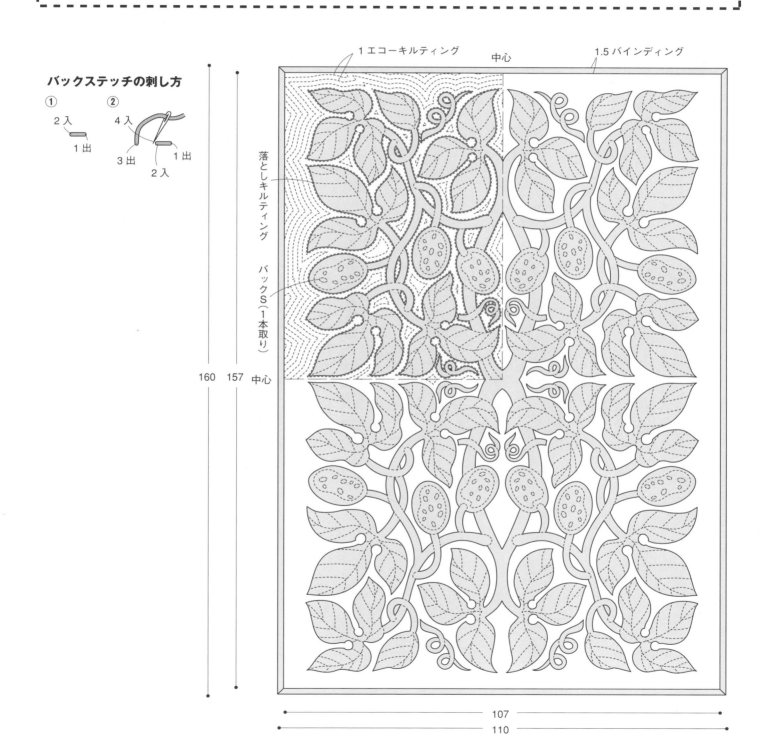

1 エコーキルティング　　中心　　1.5 バインディング

落としキルティング　バックS（1本取り）

160　157　中心

107
110

04 モンステラとトライバルのバッグ

型紙＊A4

材料

土台布（底分含む）…40×90cm
アップリケ布…30×90cm
裏布・キルト芯…各40×90cm
中袋用布…40×75cm
幅4cm市販持ち手…65cm

作り方

1）アップリケをして本体のトップをまとめる。底の
　トップは一枚布。
2）裏布、キルト芯にトップを重ね、しつけをかけて
　キルティングする。
3）本体を中表に合わせて脇を縫う。

4）本体と底を中表に合わせて縫う。
5）中袋を本体同様に縫う。
6）本体に持ち手を仮留めし、中袋を中表に合わせて
　口を縫う。
7）表に返して返し口をとじ、中袋を星止めで押さえる。

底 1枚

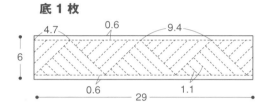

本体各 1枚 ※左右を反転させる

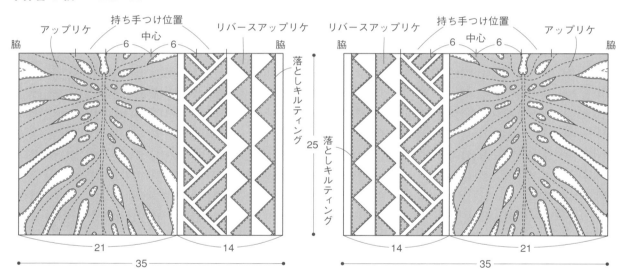

中袋 1枚

中袋底 1枚

トップの作り方

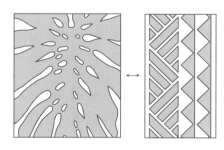

左右にわけて作ってから接ぐ

中袋の作り方

①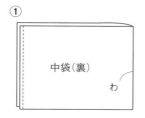

中表に二つ折りして
輪に縫う

②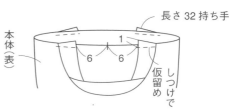

中袋と中袋底を中表に
合わせて縫う

持ち手のつけ方

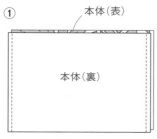

本体の口に斜めに合わせてつける
持ち手を自分で作るときは101ページ参照

仕立て方

①

本体を中表に合わせ
両脇を縫う

②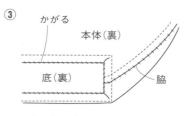

本体と底を中表に合わせて縫う

③

縫い代を脇は片側
底は底側に倒して
かがっておく

④

本体に持ち手を仮留めし
中袋と中表に合わせて縫う

⑤

表に返して返し口をコの字とじでとじ
中袋を星止めで押さえる

06 リリコイのレクタングルバッグ

材料

土台布…30×110cm
アップリケ布…30×110cm
裏布・キルト芯…各30×110cm
中袋用布（内ポケット分含む）…50×110cm
パイピングコード用布…40×50cm

幅3cm市販持ち手用平テープ…105cm
太刺繍糸・毛糸…各適宜

本体 2 枚

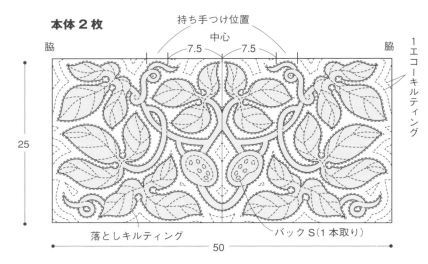

脇　持ち手つけ位置　中心　脇
7.5　7.5
25
50
エコーキルティング
落としキルティング
バック S（1 本取り）

パイピングコード 1 本

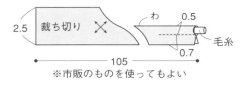

2.5　裁ち切り　わ　0.5　毛糸　0.7
105
※市販のものを使ってもよい

中袋 2 枚

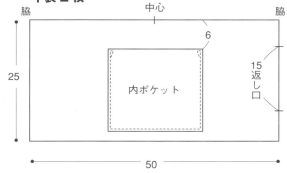

脇　中心　脇
6
内ポケット
25
15 返し口
50

内ポケット 1 枚

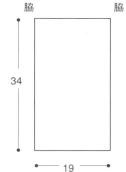

脇　脇
34
19

内ポケットの作り方

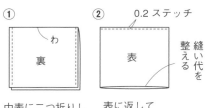

① わ 裏
② 0.2 ステッチ
表
縫い代を整える

中表に二つ折りし
両脇を縫う

表に返して
口をステッチする

持ち手のつけ方

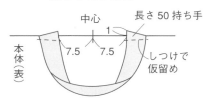

中心　長さ50 持ち手
1
7.5　7.5
本体（表）
しつけで仮留め

本体の口に斜めに合わせてつける

作り方

1）アップリケをして本体のトップをまとめる。
2）裏布、キルト芯にトップを重ね、しつけをかけてキルティングと刺繍をする。
3）パイピングコードを作り、本体の周囲にミシンで縫いつける。
4）本体2枚を中表に合わせて周囲を縫う。

5）内ポケットを作って中袋につけ、中袋を縫う。
6）本体に持ち手を仮留めし、中袋を中表に合わせて口を縫う。
7）表に返して返し口をとじ、星止めで押さえる。
●好みでマグネットボタンをつける。

仕立て方

①

本体1枚にパイピングコードをミシンで縫いつける

②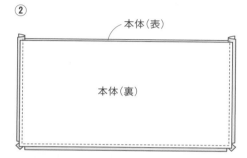

本体2枚を中表に合わせて周囲を縫う
中袋は脇に返し口を残してパイピングコードをはさまずに同様に縫う

③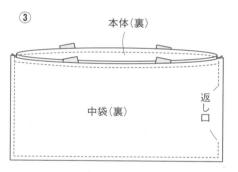

本体に持ち手を仮留めし
中袋を中表に合わせて口を縫う

④

表に返して返し口をコの字とじでとじ
中袋を星止めで押さえる

50％ 縮小型紙　200％ 拡大してご使用ください

中心わ

07 リリコイのフレームキルト

材料

土台布…80×50cm
アップリケ布…65×40cm
裏布・キルト芯…各80×50cm
内寸42.3×69.3cm
（マット内寸33×60cm）額…1枚

太刺繍糸…適宜

作り方

1）アップリケをしてトップをまとめる。
2）裏布、キルト芯にトップを重ね、しつけをかけて
　　キルティングと刺繍をする。
3）仕上がりサイズに断裁する。
4）額に入れる。

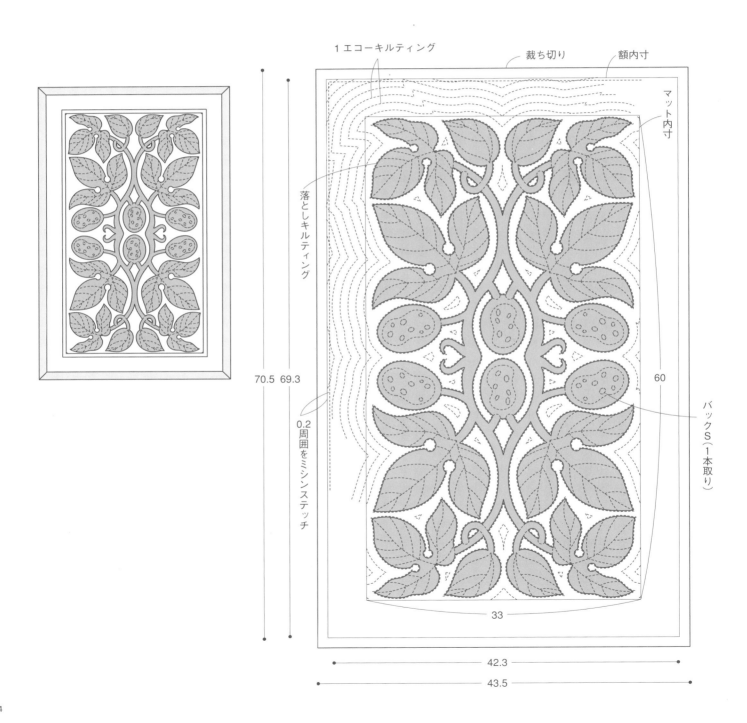

1 エコーキルティング
裁ち切り
額内寸
マット内寸
落としキルティング
0.2周囲をミシンステッチ
バックS（1本取り）

70.5　69.3
60
33
42.3
43.5

08 リリコイの三つ折りケース

型紙＊A7

材料

土台布…25×40cm
アップリケ布…25×40cm
裏布・キルト芯…各25×40cm
中袋用布…25×40cm
直径2.7cmボタン…1個
直径1cm力ボタン…1個
直径0.1cm革ひも…110cm
太刺繍糸…適宜

作り方

1）アップリケをして本体のトップをまとめる。
2）裏布、キルト芯にトップを重ね、しつけをかけてキルティングと刺繍をする。
3）本体と中袋を中表に合わせて返し口を残して縫い、表に返してとじる。
4）底中心で中表に折り、両脇をコの字とじでとじる。
5）ボタンをつけてひもをかける。

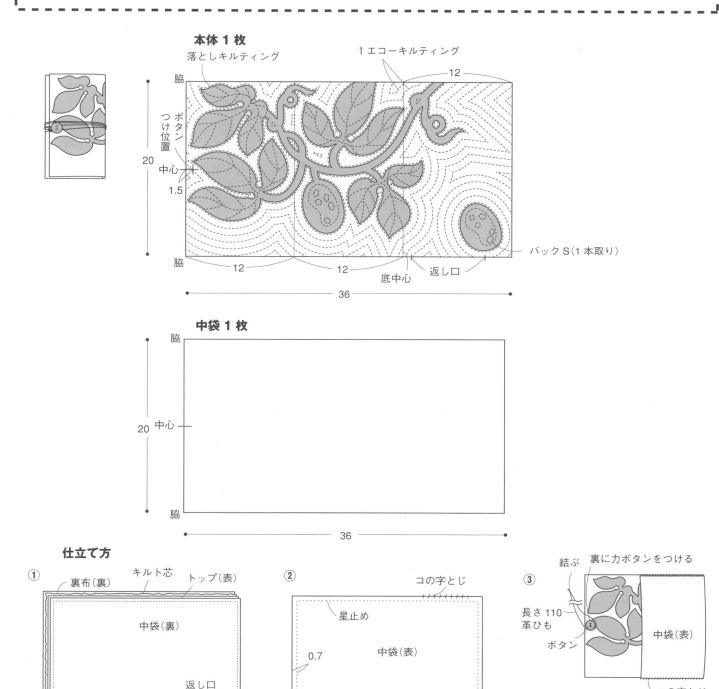

本体 1 枚

落としキルティング
1 エコーキルティング
脇
12
脇
ボタンつけ位置
中心
1.5
20
脇
12   12
底中心   返し口
バックS（1本取り）
36

中袋 1 枚

脇
中心
20
脇
36

仕立て方

① 裏布（裏）　キルト芯　トップ（表）
中袋（裏）
返し口
本体と中袋を中表に合わせ
返し口を残して周囲を縫う

② コの字とじ
星止め
中袋（表）
0.7
表に返して返し口をコの字とじでとじ
表に響かないように星止めする

③ 結ぶ　裏に力ボタンをつける
長さ110
革ひも
ボタン
中袋（表）
コの字とじ
底中心で中表に折り、本体を
すくってコの字とじでとじる
ボタンをつけてひもをかける

09 バナナリーフの3連パネル

型紙＊B12

材料

土台布…70×150cm
アップリケ布（青）…70×150cm
アップリケ布（黄緑）…50×20cm
裏布・キルト芯…各70×150cm
54×38cmパネル…3枚

作り方

1）アップリケをしてトップをまとめる。
2）裏布、キルト芯にトップを重ね、しつけをかけて
　　キルティングする。
3）パネルに重ね、周囲をくるんでテープではる。

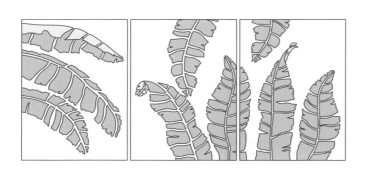

作り方

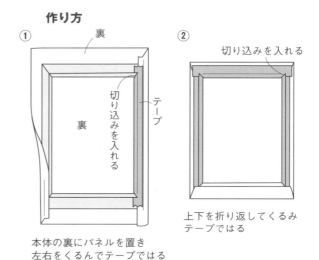

① 裏

切り込みを入れる

テープ

裏

本体の裏にパネルを置き
左右をくるんでテープではる

② 切り込みを入れる

上下を折り返してくるみ
テープではる

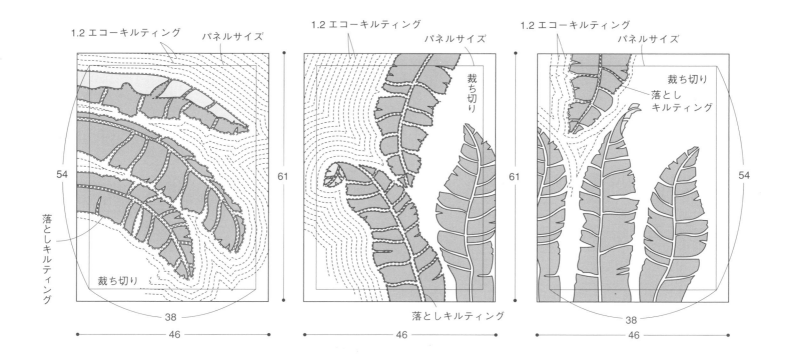

1.2 エコーキルティング
パネルサイズ
裁ち切り
54
落としキルティング
裁ち切り
38
46

1.2 エコーキルティング
パネルサイズ
61
落としキルティング
46

1.2 エコーキルティング
パネルサイズ
裁ち切り
落とし
キルティング
61
54
38
46

10 バナナリーフのステッチトート

型紙＊A8

材料
本体用布（見返し分含む）
…110×45cm
中袋用布（内ポケット分含む）
…110×45cm
接着芯…110×45cm

幅4cm持ち手用革テープ…70cm
底板用プラスチック板…20×25cm
太刺繍糸…適宜

作り方
1）本体に刺繍をし、裏に接着芯をはる。
2）本体を中表に二つ折りし、両脇とマチを縫う。
3）内ポケットを作って中袋につけ、中袋を縫う。
4）本体に持ち手を仮留めし、中袋を中表に合わせて口を縫う。
5）表に返して底板を入れ、返し口をとじて口をステッチで押さえる。

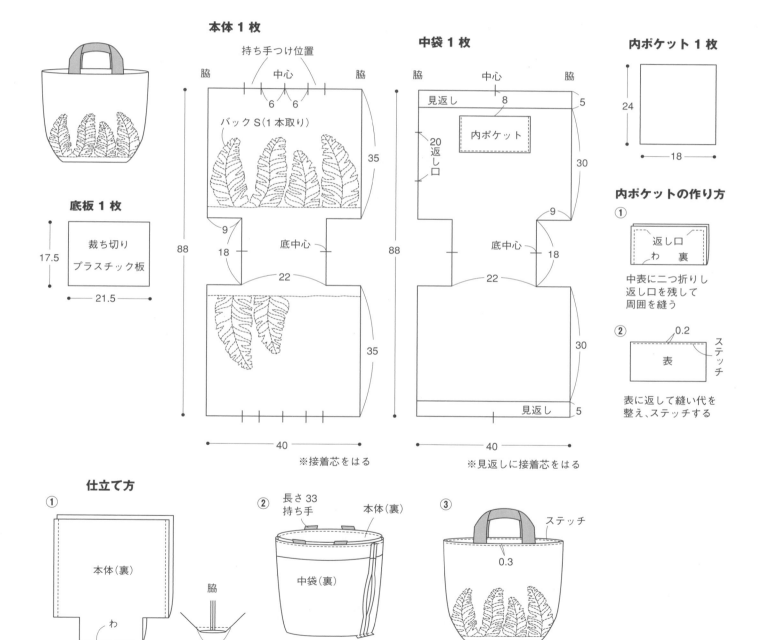

本体1枚
持ち手つけ位置
脇　中心　脇
6　6
バックS（1本取り）
35
88
9
18
底中心
22
35
40
※接着芯をはる

中袋1枚
脇　中心　脇
見返し　8　5
内ポケット
20 返し口
30
9
88
底中心　18
22
30
見返し　5
40
※見返しに接着芯をはる

内ポケット1枚
24
18

底板1枚
裁ち切り
プラスチック板
17.5
21.5

内ポケットの作り方
① 返し口　わ　裏
中表に二つ折りし
返し口を残して
周囲を縫う
② 0.2　表　ステッチ
表に返して縫い代を
整え、ステッチする

仕立て方
① 本体（裏）　わ　脇　18
中表に二つ折りし両脇とマチを縫う
中袋は脇に返し口を残して同様に縫う

② 長さ33 持ち手　本体（裏）　中袋（裏）
本体の口に持ち手を
仮留めし、中袋を中表に
合わせて口を縫う

③ ステッチ　0.3
表に返して底板を入れ
返し口をコの字とじでとじて
口をステッチで押さえる

11 バナナリーフのステッチポーチ

材料

本体用布…30×25cm
中袋用布…30×25cm
接着芯…30×25cm
長さ20mファスナー…1本
太刺繍糸…適宜

作り方

1）本体に刺繍をし、裏に接着芯をはる。
2）本体と中袋を中表に合わせ、ファスナーをはさんで口を縫う。
3）本体同士、中袋同士を中表に合わせ、中袋に返し口を残して両脇を縫う。
4）表に返して返し口をとじる。

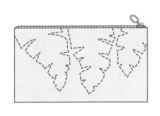

本体 1枚　バックS（1本取り）

脇　中心　脇

23
20
※接着芯をはる

中袋 1枚

脇　中心　脇

23
20

仕立て方

① 20
ファスナーの両端を折る

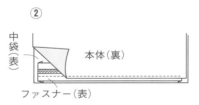

② 中袋（表）
本体（裏）
ファスナー（表）
本体、中袋を中表に合わせ
ファスナーをはさんで縫う

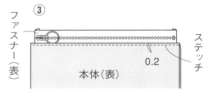

③ ファスナー（表）
ステッチ
0.2
本体（表）
本体と中袋を表に返して
口をステッチで押さえる
反対側も同様に縫う

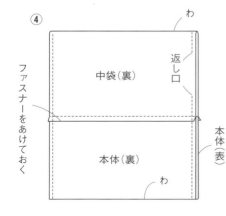

④ わ
返し口
中袋（裏）
ファスナーをあけておく
本体（裏）
本体（表）
わ
本体同士、中袋同士を中表に合わせて
中袋に返し口を残して両脇を縫う

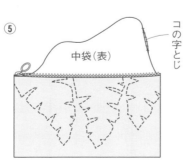

⑤ コの字とじ
中袋（表）
表に返して返し口を
コの字とじでとじる

材料

土台布…170×110cm
アップリケ布（バインディング分含む）
…270×110cm
裏布・キルト芯…各170×110cm

作り方

1）アップリケをしてトップをまとめる。
2）裏布、キルト芯にトップを重ね、しつけをかけて
　　キルティングする。
3）周囲をダブルバインディングで始末する。

1.5 バインディング

中心

1エコーキルティング

落としキルティング

中心

160　157　中心

107

110

13 小さなパンの木のタペストリー

型紙＊B14

材料

土台布…60×60cm
アップリケ布…60×60cm
裏布・キルト芯…各60×60cm
バインディング布…55×100cm

作り方

1）アップリケをしてトップをまとめる。
2）裏布、キルト芯にトップを重ね、しつけをかけて
　　キルティングする。
3）周囲をダブルバインディングで始末する。
●58ページも参照する。

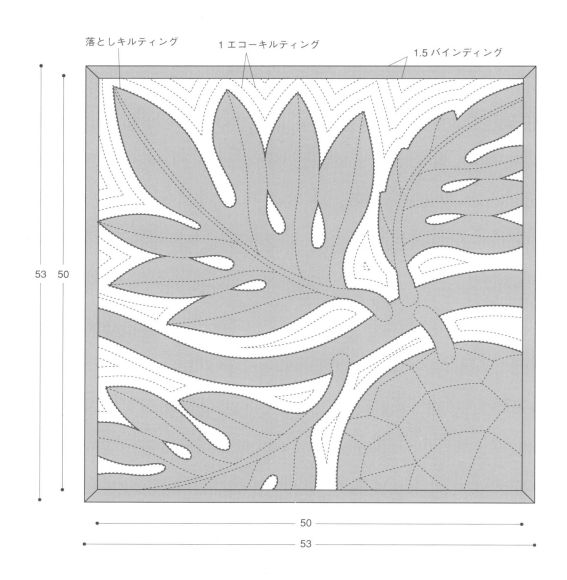

落としキルティング　　１エコーキルティング　　1.5 バインディング

53　50

50

53

14 パンの木のクッションふたつ

型紙＊B15

材料

土台布…50×50cm
アップリケ布…50×50cm
本体後ろ用布…50×70cm
裏布・キルト芯…各50×50cm
45cm角ヌードクッション…1個

作り方

1）アップリケをしてトップをまとめる。
2）裏布、キルト芯にトップを重ね、しつけをかけて
　　キルティングする。
3）本体後ろを作る。
4）本体前と後ろを中表に合わせて縫う。
5）縫い代を始末し、表に返してヌードクッションを
　　入れる。

A 本体前 1 枚

1 エコーキルティング

落としキルティング

45

45

B 本体前 1 枚

落としキルティング

1 エコーキルティング

45

45

本体後ろ 2 枚

45

30

口側の縫い代は3cmつける

本体後ろの作り方

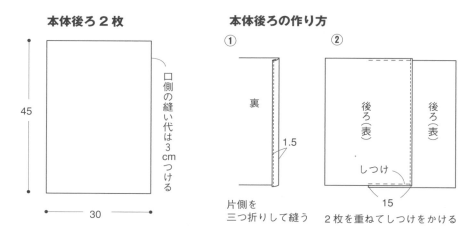

① 裏 1.5
片側を
三つ折りして縫う

② 後ろ（表）　後ろ（表）
しつけ
15
2枚を重ねてしつけをかける

仕立て方

前（表）
後ろ（裏）

本体前と後ろを中表に合わせて
周囲を縫い、表に返す
縫い代はジグザグステッチか
バイヤステープでくるんで始末する

15 シャワーツリーの大きなタペストリー

型紙＊C17

材料

土台布…230×230cm
アップリケ布…210×210cm
裏布・キルト芯…各230×230cm
バインディング布…180×110cm

作り方

1) アップリケをしてトップをまとめる。
2) 裏布、キルト芯にトップを重ね、しつけをかけてキルティングする。
3) 周囲をダブルバインディングで始末する。

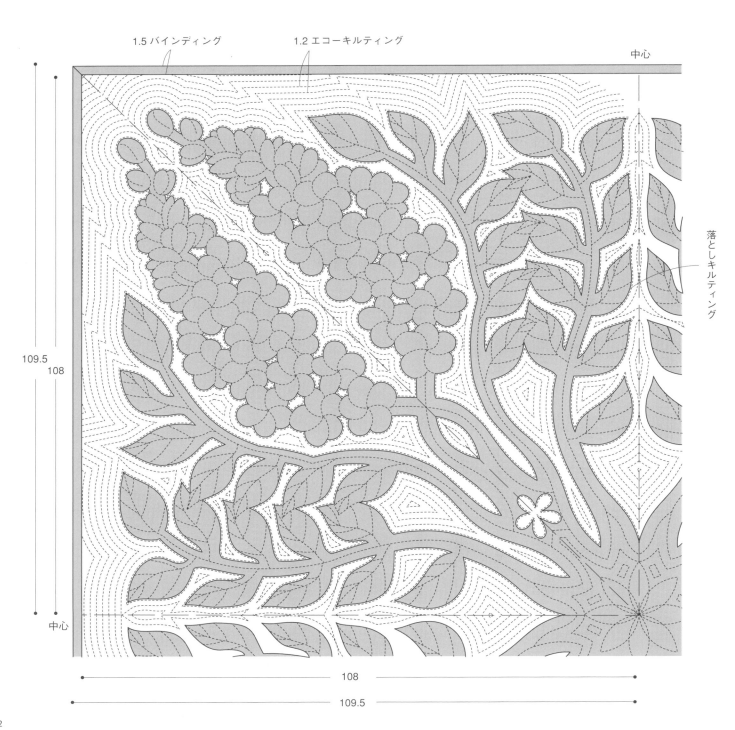

1.5 バインディング　　1.2 エコーキルティング　　中心

落としキルティング

109.5
108

中心

108

109.5

16 シャワーツリーの花降るタペストリー

型紙＊C18

材料

土台布（バインディング分含む）
…180×110cm
アップリケ布…110×110cm
裏布・キルト芯…各110×110cm

作り方

1）アップリケをしてトップをまとめる。
2）裏布、キルト芯にトップを重ね、しつけをかけて
　キルティングする。
3）周囲をダブルバインディングで始末する。

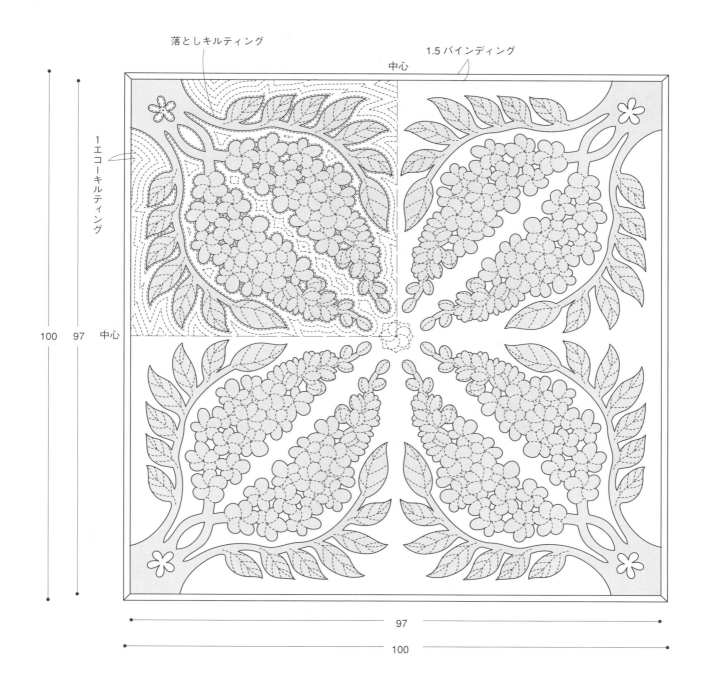

落としキルティング

1.5 バインディング

中心

1エコーキルティング

中心

100 97

97

100

材料

土台布（マチ分含む）…55×110cm
アップリケ布…40×80cm
裏布・キルト芯…各55×110cm
中袋用布（内ポケット分含む）…55×110cm
パイピングコード用布…40×50cm

幅4cm市販持ち手…95cm
プラスチック板…35×10cm
毛糸…適宜

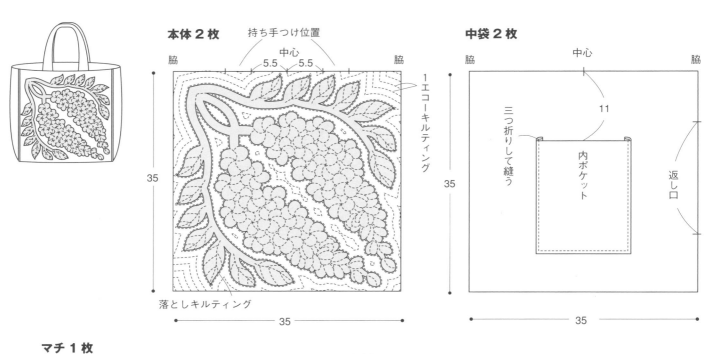

本体2枚　持ち手つけ位置
脇　中心　5.5　5.5　脇
35
35
1エコーキルティング
落としキルティング

中袋2枚
脇　中心　脇
11
内ポケット
三つ折りして縫う
返し口
35
35

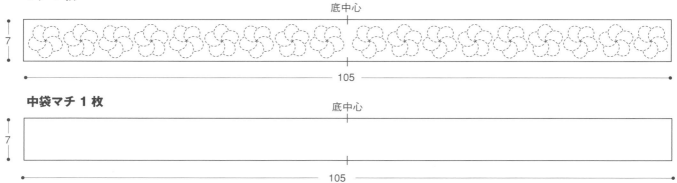

マチ1枚
底中心
7
105

中袋マチ1枚
底中心
7
105

パイピングコード2本
2.5　裁ち切り　✕
わ　0.5
毛糸
0.7
110
※市販のものを使ってもよい

中敷き1枚　角をカットする
6.5　プラスチック板　裁ち切り
34

作り方

1）アップリケをして本体のトップをまとめる。マチのトップは一枚布。
2）裏布、キルト芯にトップを重ね、しつけをかけてキルティングする。
3）パイピングコードを作り、マチの両側にミシンで縫いつける。

4）本体とマチを中表に合わせて縫う。
5）内ポケットを作って中袋につけ、中袋を縫う。
6）本体に持ち手を仮留めし、中袋を中表に合わせて口を縫う。
7）表に返して返し口をとじ、中袋を星止めで押さえる。

内ポケット 1 枚

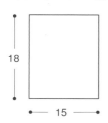

18

15

内ポケットの作り方

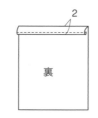

2

裏

口を三つ折りして縫う

持ち手のつけ方

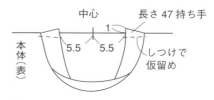

中心　　長さ 47 持ち手

本体（表）

1

5.5　5.5

しつけで仮留め

本体の口に斜めに合わせてつける
持ち手を自分で作るときは 101 ページ参照

マチのまとめ方

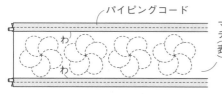

パイピングコード

マチ（表）

わ

わ

マチの両端にパイピングコードを
ミシンで縫いつける

仕立て方

①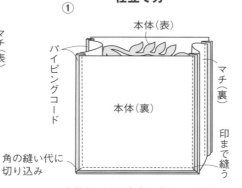

パイピングコード

本体（表）

本体（裏）

マチ（裏）

印まで縫う

角の縫い代に切り込み

本体とマチを中表に合わせて縫う
中袋はパイピングコードをはさまず
脇に返し口を残して同様に縫う

②

持ち手

本体（裏）

中袋（裏）

返し口

本体に持ち手を仮留めし
中袋を中表に合わせて口を縫う

③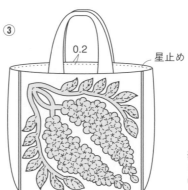

0.2

星止め

表に返して返し口を
コの字とじでとじ
中袋を星止めで押さえる

18 シャワーツリーの半円ポーチ

型紙＊C20

材料

土台布…25×70cm
アップリケ布…20×65cm
裏布・キルト芯…各25×70cm
中袋用布（内ポケット分含む）…20×75cm
パイピングコード用布…40×40cm
長さ30cmファスナー…1本
毛糸…適宜

作り方

1）アップリケをして本体のトップをまとめる。
2）裏布、キルト芯にトップを重ね、しつけをかけてキルティングする。
3）パイピングコードを作り、本体の周囲にミシンで縫いつける。
4）本体を中表に合わせて周囲を縫う。
5）内ポケットを作って中袋につけ、中袋を縫う。
6）口を折り、ファスナーを縫いつける。
7）本体の内側に中袋を入れてファスナーにまつる。

本体各1枚 ※左右を反転させる

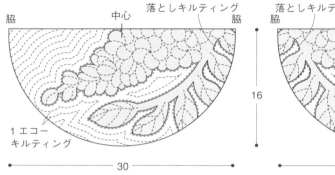

脇　中心　落としキルティング　脇
1エコーキルティング　16　1エコーキルティング
30　30
※口の縫い代は1.5cmつける

内ポケット1枚

8
8

内ポケットの作り方

1
口を三つ折りして縫う

中袋2枚

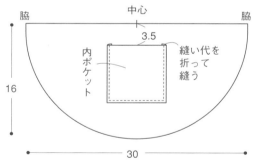

脇　中心　脇
3.5
内ポケット　縫い代を折って縫う
16
30

パイピングコード1本

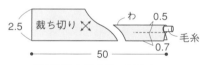

2.5　裁ち切り　わ　0.5　毛糸　0.7
50
※市販のものを使ってもよい

仕立て方

①

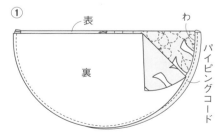

表　わ
裏　パイピングコード

本体1枚にパイピングコードをミシンで縫いつけ
もう1枚の本体を中表に合わせて縫う
中袋はパイピングコードをはさまずに同様に縫う

②

1.5縫い代を折る

表に返して口の縫い代を折る

③

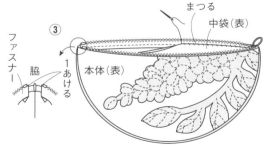

まつる　中袋（表）
ファスナー　脇　1あける　本体（表）

本体の口にファスナーを
半返し縫いで縫いつけ
中袋を入れてまつりつける

19 ロケラニの咲く庭

材料

土台布…170×110cm
アップリケ布（バインディング分含む）
…270×110cm
裏布・キルト芯…各170×110cm

作り方

1）アップリケをしてトップをまとめる。
2）裏布、キルト芯にトップを重ね、しつけをかけて
　　キルティングする。
3）周囲をダブルバインディングで始末する。

1.2 エコーキルティング　　　　　中心　　　　1.5 バインディング

落としキルティング

160　157　中心

107
110

20 額の中で咲いたバラ

型紙＊C22

材料

土台布…45×25cm
花アップリケ布…30×20cm
茎アップリケ布…40×25cm
縁布…45×35cm
裏布・キルト芯…各60×40cm

立体花用布…60×30cm
接着芯…30×30cm
チュール…10×10cm
手芸綿…適宜

立体花

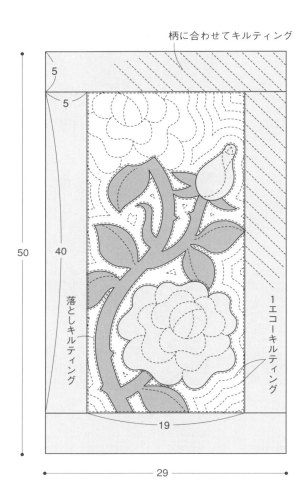

柄に合わせてキルティング

5
5
50
40
落としキルティング
1エコーキルティング
19
29

花びら左右対称各1枚

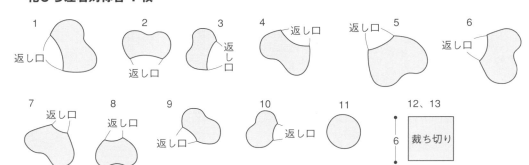

1 返し口
2 返し口
3 返し口
4 返し口
5 返し口
6 返し口
7 返し口
8 返し口
9 返し口
10 返し口
11
12、13
6 裁ち切り 6

立体花のまとめ位置

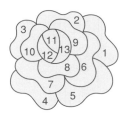

63ページを参照して
花を作ってまとめる

作り方

1）アップリケ、縁布をつけてトップをまとめる。
2）裏布、キルト芯にトップを重ね、しつけをかけて縁布を残してキルティングする。
3）キルト芯を裁ち切りにカットし、トップを折り返してくるむ。
4）裏布の縫い代を折り、折り返したトップにまつる。
5）縁布をキルティングする。
6）立体花を作り、キルトに縫いつける。

仕立て方

① 裏布（裏） キルト芯

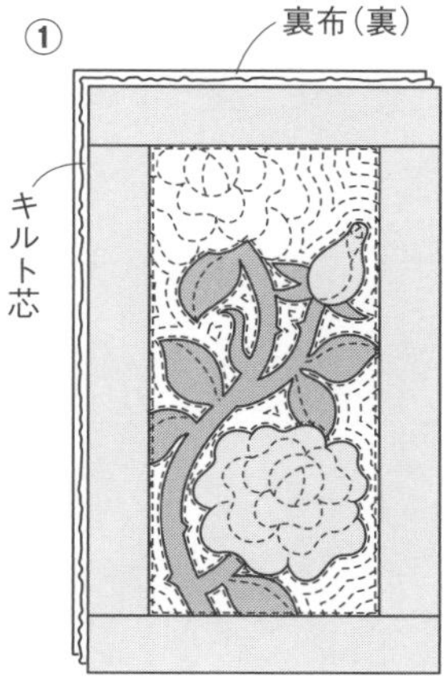

108、109ページと同様に本体を作り縁布を残して内側のみキルティングする

② トップ（表） まつる 裏布（表）

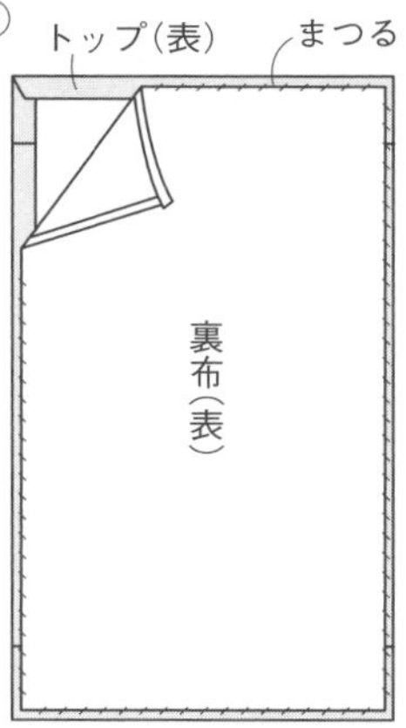

キルト芯を裁ち切りでカットしトップの縫い代を折り、裏布の縫い代を折って折り返したトップにまつる

③ 縁布部分をキルティングする

50％縮小型紙　200％拡大してご使用ください

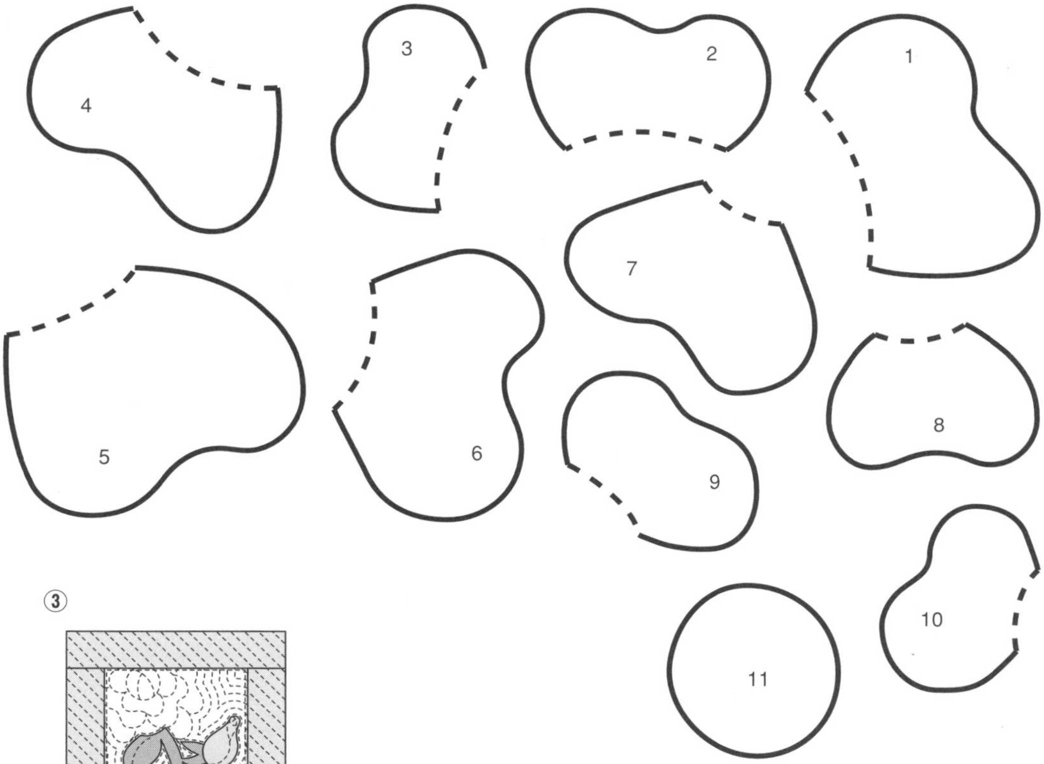

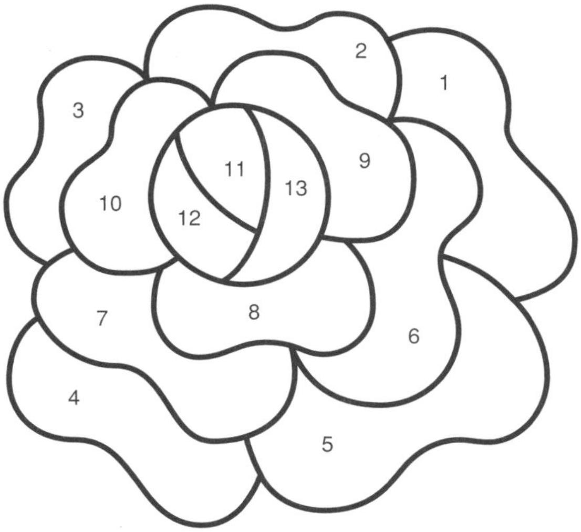

4
3
2
1
7
5
6
8
9
10
11

2
1
3
9
11 13
10 12
7 8
6
4
5

21 ロケラニいっぱいの半円バッグ

型紙＊C23

材料

本体B用布（本体A用土台布分含む）…70×70cm
モチーフ布（A）…40×60cm
裏布・キルト芯…各70×70cm
中袋用布（内ポケット分含む）…80×80cm

パイピングコード用布40×50cm
幅4cm市販持ち手…85cm
毛糸…適宜

本体2枚

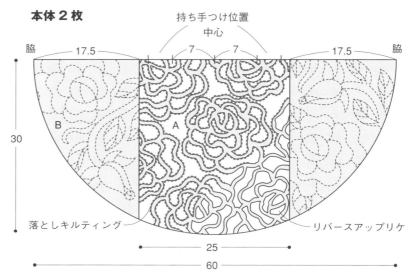

持ち手つけ位置
中心
脇　17.5　7　7　17.5　脇
B　30　A
落としキルティング　リバースアップリケ
25
60

パイピングコード1本

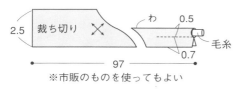

2.5　裁ち切り　わ　0.5
毛糸
97　0.7
※市販のものを使ってもよい

中袋2枚

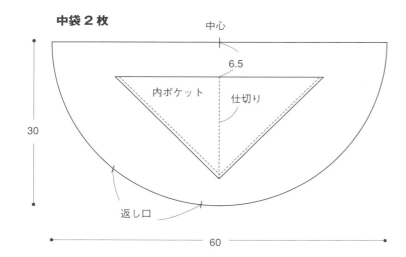

中心
6.5
内ポケット　仕切り
30
返し口
60

ポケット1枚

25.5
25.5　25.5
51

ポケットの作り方

① わ　裏　返し口

中表に二つ折りし
返し口を残して
周囲を縫う

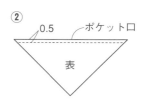

② 0.5　ポケット口　表

表に返して返し口の
縫い代を整え
ポケット口をステッチする

作り方

1）リバースアップリケ、AとBを接ぎ合わせて本体のトップをまとめる。
2）裏布、キルト芯にトップを重ね、しつけをかけてキルティングする。
3）パイピングコードを作り、本体の周囲にミシンで縫いつける。
4）本体2枚を中表に合わせて周囲を縫う。
5）内ポケットを作って中袋につけ、中袋を縫う。
6）本体に持ち手を仮留めし、中袋と中表に合わせて口を縫う。
7）表に返して返し口をとじ、中袋を星止めで押さえる。

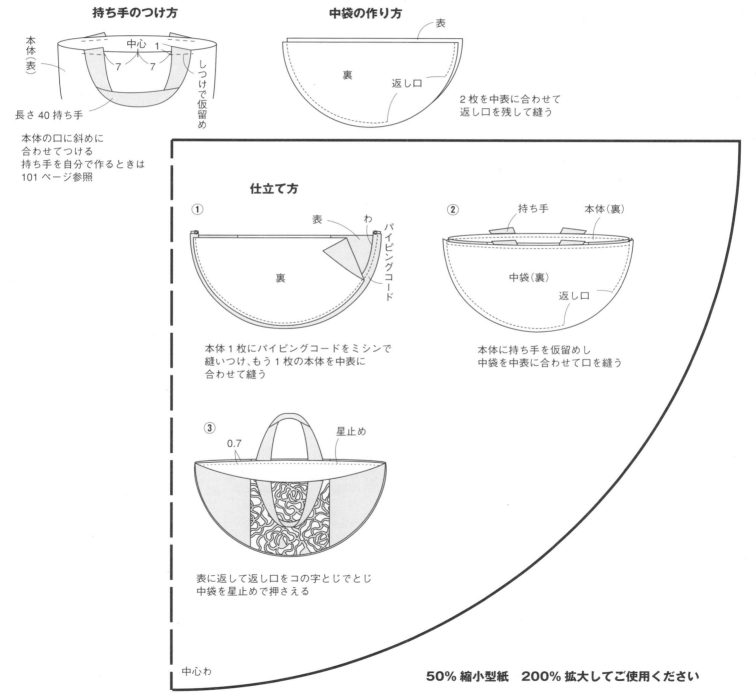

持ち手のつけ方

本体（表）
中心 1
7　7
長さ40 持ち手
しつけで仮留め

本体の口に斜めに
合わせてつける
持ち手を自分で作るときは
101 ページ参照

中袋の作り方

表
裏
返し口

2枚を中表に合わせて
返し口を残して縫う

仕立て方

① 表　わ　パイピングコード
裏

本体1枚にパイピングコードをミシンで
縫いつけ、もう1枚の本体を中表に
合わせて縫う

② 持ち手　本体（裏）
中袋（裏）
返し口

本体に持ち手を仮留めし
中袋を中表に合わせて口を縫う

③ 0.7　星止め

表に返して返し口をコの字とじでとじ
中袋を星止めで押さえる

中心わ

50% 縮小型紙　200% 拡大してご使用ください

22 ロケラニのソーイングケース

型紙＊C24

材料

側面用布（底、中ぶた、ふた土台布、
バインディング、足し布分含む）…35×100cm
ふたモチーフ布…15×20cm
裏布…30×55cm
キルト芯…30×95cm

側面中袋（内底分含む）…20×70cm
パイピングコード用布…35×35cm
長さ21cmファスナー…2本
プラスチック板…15×15cm
太刺繍糸・毛糸…各適宜

厚手接着芯…10×50cm

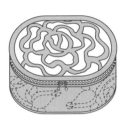

ふた 1枚

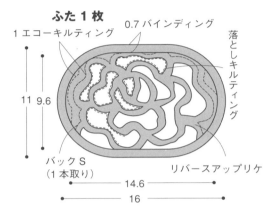

1 エコーキルティング
0.7 バインディング
落としキルティング
11　9.6
バックS
（1本取り）
リバースアップリケ
14.6
16

中ぶた 1枚

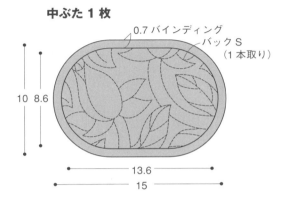

0.7 バインディング
バックS
（1本取り）
10　8.6
13.6
15

パイピングコード 1本

2.5
裁ち切り
47
※市販のものを使ってもよい

わ　0.5
0.7　毛糸

底 1枚

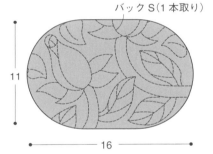

バックS（1本取り）
11
16

内底、キルト綿、プラスチック板各 1枚

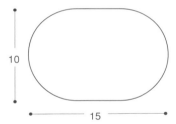

10
15
※キルト綿、プラスチック板は裁ち切り
※内底の縫い代は 3.5cm つける

側面 1枚

後ろ中心
口側はバインディングする
前中心
1 エコーキルティング
バックS（1本取り）
後ろ中心
5.3
底側
44.5
※刺繍後に裏布に裁ち切りの厚手接着芯をはる

側面中袋 1枚

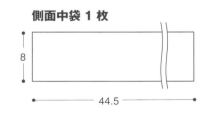

8
44.5

足し布 2枚

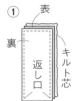

10
4

足し布の作り方

① 表
裏
キルト芯
返し口
2枚を中表に合わせて
キルト芯を重ね、返し口
を残して周囲を縫う

② 表
表に返して
返し口を整える

内底の作り方

① キルト芯
内底（裏）
プラスチック板
布の周囲をぐし縫いし
キルト芯とプラスチック板を重ねる

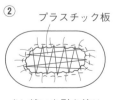

② プラスチック板
ぐし縫いを引き絞り
糸を渡して縫い止める

作り方

1）リバースアップリケをしてふたのトップをまとめる。側面、中ぶた、底のトップは一枚布。
2）裏布、キルト芯にトップを重ね、しつけをかけてキルティングと刺繍をする。
3）ふたと中ぶたの周囲をバインディングで始末する。
4）側面を輪に縫い、パイピングコードを作って側面の底側にミシンで縫いつける。
5）側面の口をバインディングし、底と縫って本体を作る。
6）ふたと側面にファスナーを縫いつける。
7）足し布を作り、ファスナーのつけ根にまつりつける。
8）ふたの裏に中ぶた、側面に側面中袋を入れてまつりつける。
9）内底を作り、中に入れる。タッセルは好みでつける。

本体の作り方

①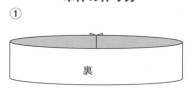

側面を中表に合わせて輪に縫う
側面中袋も同様に縫う

②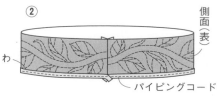

側面の底側にパイピングコードを
ミシンで縫いつける

③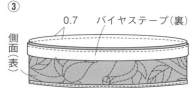

側面の口にバイヤステープを
中表に重ねて縫う
バイヤステープは二重にせず
一重のシングルバインディングにする

④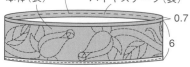

バイヤステープを内側に返し
縫い代を伸ばしたまま縫い止める

⑤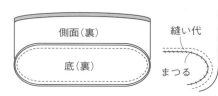

本体と底を中表に合わせて縫い
縫い代を底側に倒してまつる

仕立て方

①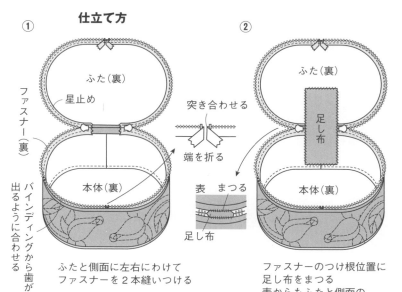

ふたと側面に左右にわけて
ファスナーを2本縫いつける

②

ファスナーのつけ根位置に
足し布をまつる
表からもふたと側面の
バインディングとまつる

③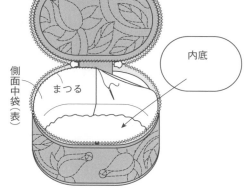

ふたの裏にキルト芯を3、4枚重ねて
ふっくらとさせ、中ぶたをまつる
本体に側面中袋を入れ、縫い代を折って
ファスナーにまつる
内底を入れて縫い止める

23 マッコウが泳ぐ光る海

型紙＊D25

材料
土台布…110×110cm
モチーフ布A（紺）…60×80cm
モチーフ布B（青）…75×110cm
裏布・キルト芯…各110×110cm
バインディング布…100×110cm
太刺繍糸…適宜

作り方
1）モチーフ布Aに土台布を重ねてリバースアップリケでマッコウクジラを作る。
2）モチーフ布Bに1）を重ねてリバースアップリケをし、トップをまとめる。
3）裏布、キルト芯にトップを重ね、しつけをかけてキルティングと刺繍をする。
4）周囲をダブルバインディングで始末する。

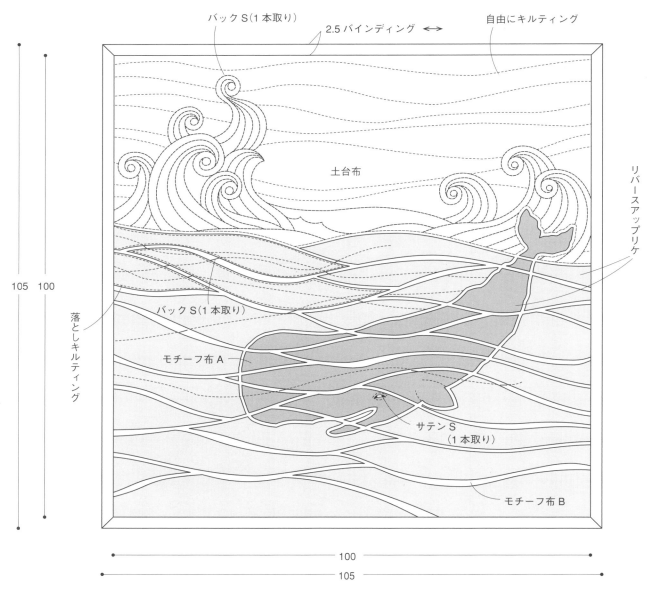

バックS（1本取り）
2.5 バインディング ←→
自由にキルティング
リバースアップリケ
土台布
落としキルティング
バックS（1本取り）
モチーフ布A
サテンS（1本取り）
モチーフ布B
105　100
100
105

サテンSの刺し方

① 1出　2入
3出
②

マッコウと白い波の部分は、キルティングから続けてバックSをする

94

26 お散歩マッコウのポーチ

型紙＊D28

材料

- 土台布…25×35cm
- アップリケ布…20×30cm
- 本体後ろ用布…25×35cm
- 裏布・キルト芯…各25×70cm
- 中袋用布…25×70cm
- パイピングコード用布…30×30cm
- 長さ30cmファスナー…1本
- 太刺繍糸・毛糸…各適宜

作り方

1) アップリケをして本体前のトップをまとめる。本体後ろは一枚布。
2) 裏布、キルト芯にトップを重ね、しつけをかけてキルティングと刺繍をする。
3) パイピングコードを作り、本体の周囲にミシンで縫いつける。
4) 本体前と後ろを中表に合わせて縫う。中袋も同様に縫う。
5) 本体の口にファスナーをつけ、中袋を入れてまつりつける。

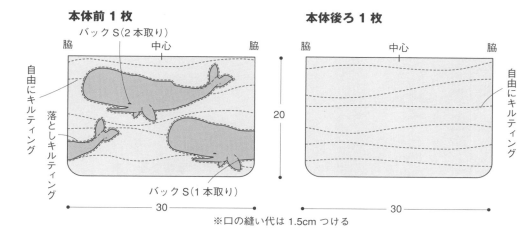

本体前 1枚

バックS（2本取り）

脇　　中心　　脇

自由にキルティング

落としキルティング

バックS（1本取り）

本体後ろ 1枚

脇　　中心　　脇

自由にキルティング

20

30

30

※口の縫い代は 1.5cm つける

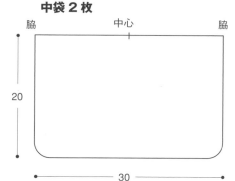

中袋 2枚

脇　　中心　　脇

20

30

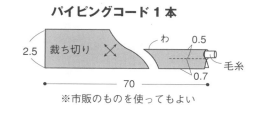

パイピングコード 1本

2.5　裁ち切り　✕　　わ　0.5

毛糸

0.7

70

※市販のものを使ってもよい

仕立て方

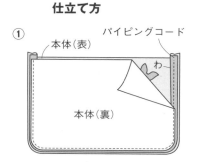

① 本体（表）　パイピングコード

わ

本体（裏）

本体前にパイピングコードを
ミシンで縫いつけ、本体後ろを
中表に合わせて周囲を縫う

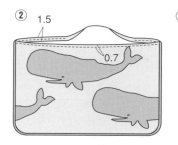

② 1.5

0.7

表に返して口の縫い代を
折って縫う

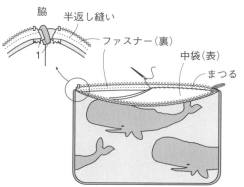

③ 脇　半返し縫い

ファスナー（裏）

1

中袋（表）

まつる

本体の口にファスナーを歯が出るように合わせ
半返し縫いで縫いつけ、中袋を入れてまつりつける

24 勇魚泳ぐバッグ

材料

本体A用布…35×90cm
本体B用布…35×50cm
アップリケ布…30×90cm
裏布・キルト芯…各70×70cm
中袋用布（内ポケット分含む）…100×70cm

パイピングコード用布…40×50cm
幅4cm市販持ち手…85cm
毛糸…適宜

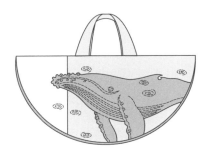

パイピングコード 1 本

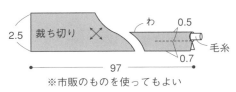

2.5　裁ち切り　わ　0.5
　　　　　　　　　　　0.7　毛糸
97
※市販のものを使ってもよい

本体前 1 枚

持ち手つけ位置
バックS（1本取り）　中心
脇　　　　　　7　　7　　　　　脇

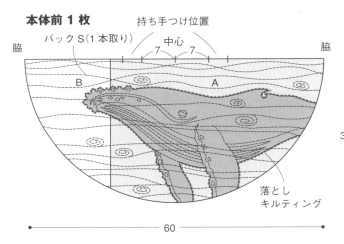

B　　A

落とし
キルティング

30

60

本体後ろ 1 枚

持ち手つけ位置
　　　　中心　　　バックS（1本取り）
脇　　7　　7　　　　　　　　　脇

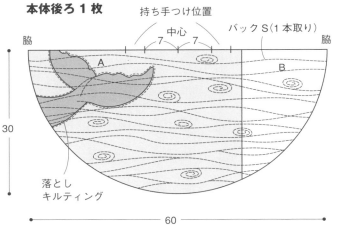

A　　　　　　　B

落とし
キルティング

60

中袋 2 枚

中心

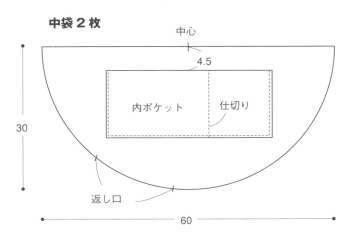

4.5

内ポケット　仕切り

30

返し口

60

ポケット 1 枚

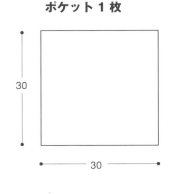

30

30

ポケットの作り方

① わ

返し口
裏

中表に二つ折りし
返し口を残して周囲を縫う

② 0.5　ポケット口
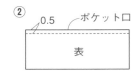
表

表に返して返し口の縫い代を整え
ポケット口をステッチする

作り方

1) AとBの布を接ぎ合わせ、アップリケをして本体のトップをまとめる。
2) 裏布、キルト芯にトップを重ね、しつけをかけてキルティングと刺繍をする。
3) パイピングコードを作り、本体の周囲にミシンで縫いつける。
4) 本体2枚を中表に合わせて周囲を縫う。
5) 内ポケットを作ってつけ、中袋を縫う。
6) 本体に持ち手を仮留めし、中袋と中表に合わせて口を縫う。
7) 表に返して返し口をとじ、中袋を星止めで押さえる。

持ち手のつけ方

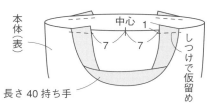

本体（表）
中心 1
7 7
しつけで仮留め
長さ40 持ち手

本体の口に斜めに合わせてつける
持ち手を自分で作るときは101ページ参照

中袋の作り方

表
裏
返し口

2枚を中表に合わせて
返し口を残して縫う

仕立て方

①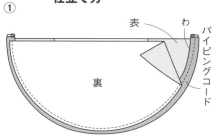

表 わ
パイピングコード
裏

本体1枚にパイピングコードをミシンで縫いつけ
もう1枚の本体を中表に合わせて縫う

②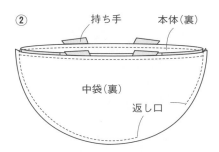

持ち手 本体（裏）
中袋（裏）
返し口

本体に持ち手を仮留めし
中袋を中表に合わせて口を縫う

③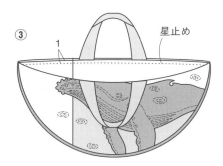

1 星止め

表に返して返し口をコの字とじでとじ
中袋を星止めで押さえる

25 お昼寝マッコウのバッグ

型紙＊D27

材料

土台布…40×60cm
アップリケ布（マチ分含む）
…40×100cm
裏布・キルト芯…各40×100cm
中袋用布（内ポケット分含む）…85×55cm

パイピングコード用布…40×60cm
幅4cm市販持ち手…75cm
太刺繍糸・毛糸…各適宜

マチ1枚

1.2

6

96

パイピングコード2本

2.5　裁ち切り

わ　0.5

0.7

毛糸

100

※市販のものを使ってもよい

本体各1枚

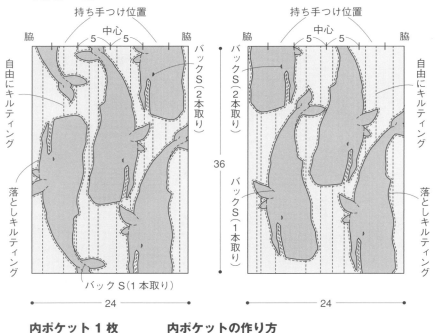

持ち手つけ位置

脇　中心　脇

5　5

自由にキルティング

落としキルティング

バックS（2本取り）

バックS（1本取り）

36

24

バックS（1本取り）

持ち手つけ位置

脇　中心　脇

5　5

バックS（2本取り）

バックS（1本取り）

自由にキルティング

落としキルティング

24

中袋1枚

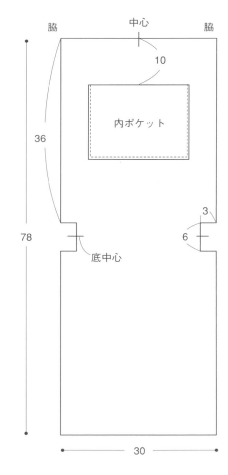

脇　中心　脇

10

内ポケット

36

3

6

78

底中心

30

内ポケット1枚

27

18.5

内ポケットの作り方

① 返し口

裏

わ

中表に二つ折りし
返し口を残して
周囲を縫う

② 表

表に返し、返し口の
縫い代を整えて
ステッチで押さえる

作り方

1) アップリケをして本体のトップをまとめる。マチのトップは一枚布。
2) 裏布、キルト芯にトップを重ね、しつけをかけてキルティングと刺繍をする。
3) パイピングコードを作り、マチの両端にミシンで縫いつける。
4) 内ポケットを作って中袋につけ、中袋を縫う。
5) 本体とマチの底を中表に合わせて縫う。
6) 本体とマチの両脇を中表に合わせて縫う。
7) 本体に持ち手を仮留めし、中袋と中表に合わせて口を縫う。
8) 表に返して返し口をとじ、中袋を星止めで押さえる。

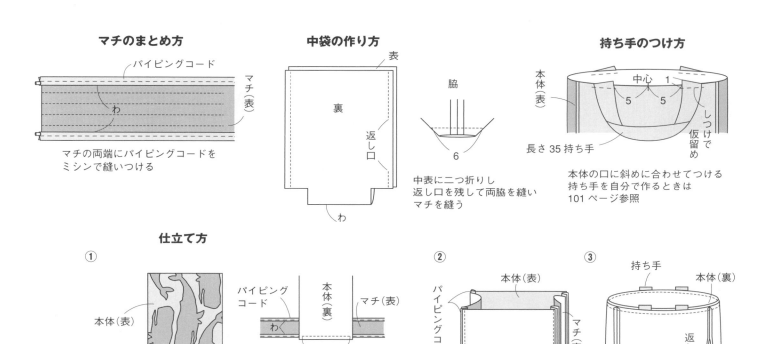

マチのまとめ方

パイピングコード
マチ（表）
わ

マチの両端にパイピングコードをミシンで縫いつける

中袋の作り方

表
裏
返し口
わ

脇
6

中表に二つ折りし
返し口を残して両脇を縫い
マチを縫う

持ち手のつけ方

本体（表）
中心　1
5　　5
しつけで仮留め
長さ35 持ち手

本体の口に斜めに合わせてつける
持ち手を自分で作るときは
101ページ参照

仕立て方

①
本体（表）
パイピングコード
わ
本体（裏）
マチ（表）
印まで
マチ（表）
本体（表）
印まで

本体とマチの底を中表に合わせ
印から印まで縫う

②
パイピングコード
本体（表）
本体（裏）
マチ（裏）
角の縫い代に切り込み

続けて本体とマチの両脇を
中表に合わせて縫う

③
持ち手
本体（裏）
中袋（裏）
返し口

本体に持ち手を仮留めし
中袋を中表に合わせて口を縫う

④

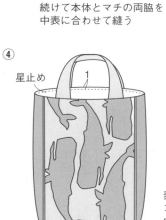

星止め
1

表に返して返し口を
コの字とじでとじ
中袋を星止めで押さえる

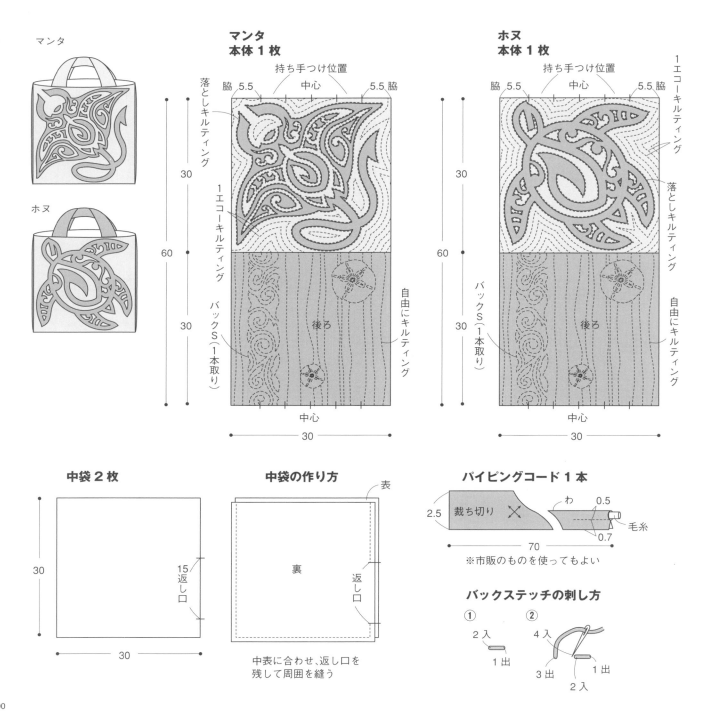

27,28 マンタとホヌのちびバッグ

型紙＊D29

材料

土台布…35×35cm
アップリケ布…30×30cm
本体後ろ用布35×35cm
裏布・キルト芯…各70×35cm
中袋用布…70×35cm

パイピングコード用布…30×30cm
幅4cm市販持ち手…55cm
直径1.4cm縫いつけマグネットボタン…1組
太刺繍糸・毛糸…各適宜

マンタ

ホヌ

マンタ本体1枚

持ち手つけ位置
脇 5.5 中心 5.5 脇
落としキルティング
エコーキルティング
バックS（1本取り）
自由にキルティング
後ろ
30
60
30
30
中心

ホヌ本体1枚

持ち手つけ位置
脇 5.5 中心 5.5 脇
エコーキルティング
落としキルティング
バックS（1本取り）
自由にキルティング
後ろ
30
60
30
30
中心

中袋2枚

30
30

中袋の作り方

表
裏
15 返し口
返し口

中表に合わせ、返し口を
残して周囲を縫う

パイピングコード1本

裁ち切り
2.5
わ
0.5
0.7
毛糸
70

※市販のものを使ってもよい

バックステッチの刺し方

① 2入 1出

② 4入 3出 2入 1出

作り方

1) アップリケをし、本体前と後ろを接ぎ合わせて本体のトップをまとめる。
2) 裏布、キルト芯にトップを重ね、しつけをかけてキルティングと刺繍をする。
3) パイピングコードを作り、本体の脇にミシンで縫いつける。
4) 本体を中表に合わせて脇を縫う。

5) 中袋を返し口を残して縫う。
6) 本体に持ち手を仮留めし、中袋を中表に合わせて口を縫う。
7) 表に返して返し口をとじ、中袋を星止めで押さえる。
8) マグネットボタンを縫いつける。

※持ち手を作る場合

持ち手2本

10

26

裁ち切り

持ち手の作り方

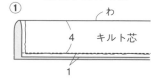

① わ
4 キルト芯
1
中表に合わせてキルト芯を重ねて縫う

② 1
表に返してステッチをする

持ち手のつけ方

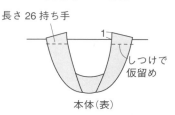

長さ26 持ち手
1
しつけで仮留め
本体（表）
本体の口に斜めに合わせてつける

仕立て方

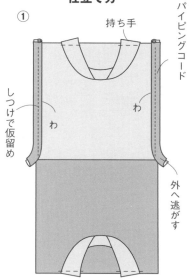

① 持ち手 パイピングコード
しつけで仮留め
わ わ
外へ逃がす
パイピングコードをミシンで縫いつけ持ち手をしつけで仮留めする

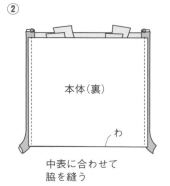

② 本体（裏）
わ
中表に合わせて脇を縫う

③ 本体（裏） 持ち手
中袋（裏）
返し口
本体と中袋を中表に合わせて口を縫う

④ マグネットボタン 星止め
1
表に返して返し口をコの字とじでとじ
中袋の口を星止めで押さえる
マグネットボタンを好みでつける

29 スカシカシパンの二つ折りポーチ

材料

土台アップリケ布…各種
モチーフアップリケ布…20×25cm
裏布・キルト芯…各35×50cm
中袋用布…35×50cm
長さ4.5cm魚形ボタン…1個

作り方

1) 裏布、キルト芯を重ねて土台布をアップリケする。
2) モチーフをアップリケし、刺繍をする。
3) パイピングコードを作り、本体の周囲に縫いつける。
4) 本体を中表に合わせて周囲を縫う。
5) 返し口を残して中袋を縫う。
6) 本体と中袋を中表に合わせ、口を縫う。
7) 表に返して返し口をとじ、中袋を星止めで押さえる。
8) ボタンをつける。

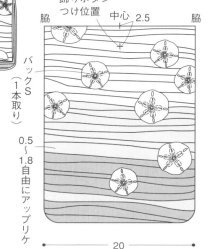

本体各1枚

飾りボタンつけ位置
脇　中心　2.5　脇
バックS（1本取り）
0.5〜1.8自由にアップリケ
27
20

脇　中心　脇
0.5〜2自由にアップリケ
27
2.1
2.3
バックS（1本取り）
20

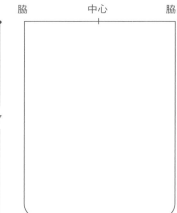

中袋2枚

脇　中心　脇
27
20

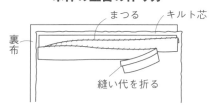

本体の土台の作り方

裏布
まつる
キルト芯
縫い代を折る

0.5〜2cm幅にカットした布を
順番に重ね、下の布にまつっていく

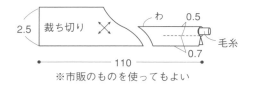

パイピングコード1本

2.5
裁ち切り
わ　0.5
毛糸
0.7
110
※市販のものを使ってもよい

中袋の作り方

表
裏
返し口

2枚を中表に合わせて
返し口を残して縫う

仕立て方

①
本体（表）
わ
本体（裏）
パイピングコード

本体1枚にパイピングコードを
ミシンで縫いつけ、もう1枚の本体を
中表に合わせて縫う

②
本体（裏）
中袋（裏）
返し口

本体と中袋を中表に
合わせ、口を縫う

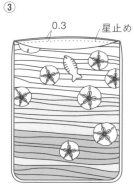

③
0.3
星止め

表に返して返し口を
コの字とじでとじ
中袋を星止めで押さえる

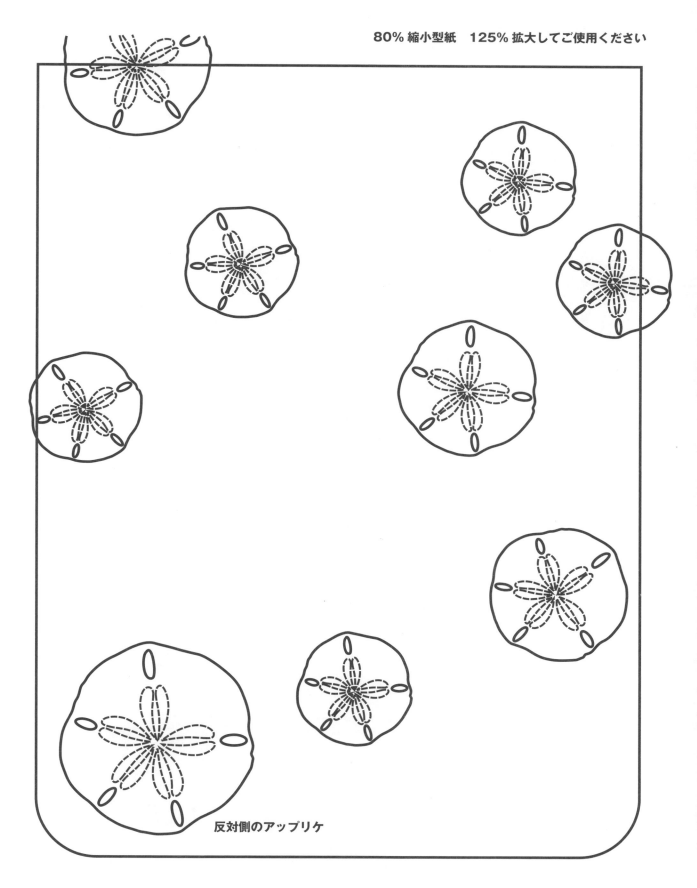

反対側のアップリケ

30 波のステッチトート

材料
本体用布（見返し分含む）
…110×45cm
中袋用布（内ポケット分含む）
…110×45cm
接着芯…110×45cm

幅4cm持ち手用革テープ…70cm
底板用プラスチック板…20×25cm
太刺繍糸…適宜

作り方
1）本体に刺繍をし、裏に接着芯をはる。
2）本体を中表に二つ折りし、両脇とマチを縫う。
3）内ポケットを作って中袋につけ、中袋を縫う。
4）本体に持ち手を仮留めし、中袋を中表に合わせて口を縫う。
5）表に返して底板を入れ、返し口をとじて口をステッチで押さえる。

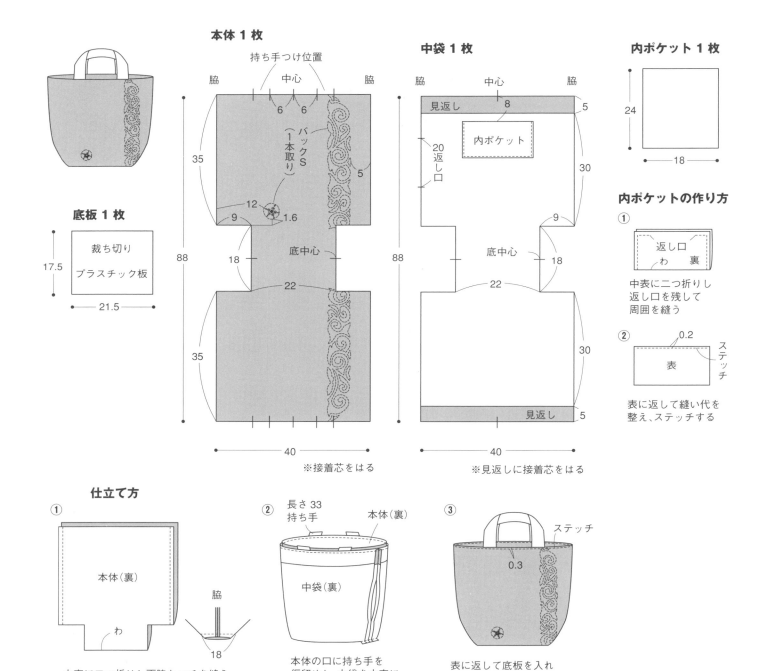

本体 1 枚

持ち手つけ位置

脇　中心　脇

6　6

バックS（1本取り）

5

35

12　1.6

9

底中心

88

18

22

35

40

※接着芯をはる

中袋 1 枚

脇　中心　脇

見返し　8　5

内ポケット

20 返し口

30

9

底中心

18

88

22

30

見返し　5

40

※見返しに接着芯をはる

内ポケット 1 枚

24

18

内ポケットの作り方

① 返し口　わ　裏

中表に二つ折りし
返し口を残して
周囲を縫う

② 0.2　ステッチ

表

表に返して縫い代を
整え、ステッチする

底板 1 枚

裁ち切り
プラスチック板

17.5

21.5

仕立て方

① 本体（裏）

わ

脇

18

中表に二つ折りし両脇とマチを縫う
中袋は脇に返し口を残して同様に縫う

② 長さ33
持ち手

本体（裏）

中袋（裏）

本体の口に持ち手を
仮留めし、中袋を中表に
合わせて口を縫う

③ ステッチ

0.3

表に返して底板を入れ
返し口をコの字とじでとじて
口をステッチで押さえる

実物大型紙
○の位置を合わせ、つなげてご使用ください

31,32,33 L字ファスナーポーチ

型紙＊D30

材料

土台布…25×25cm
アップリケ布…25×25cm
裏布・キルト芯…各25×25cm
中袋用布…25×25cm
厚手接着芯…20×20cm
長さ30cmファスナー…1本

作り方

1）アップリケをして本体のトップをまとめる。
2）裏布、キルト芯にトップを重ね、しつけをかけてキルティングする。
3）裏に裁ち切りの厚手接着芯をはる。
4）中表に二つ折りして脇を縫う。
5）中袋も本体同様に縫う。
6）本体の口の縫い代を折り、ファスナーを縫いつける。
7）本体に中袋を入れ、ファスナーにまつりつける。

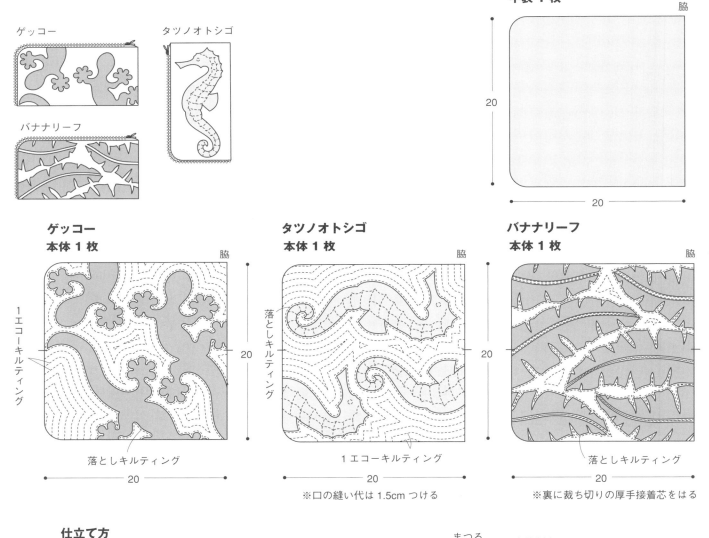

ゲッコー

タツノオトシゴ

バナナリーフ

中袋 1枚
脇
20
20

ゲッコー 本体 1枚
脇
1 エコーキルティング
20
落としキルティング
20

タツノオトシゴ 本体 1枚
脇
落としキルティング
20
1 エコーキルティング
20
※口の縫い代は 1.5cm つける

バナナリーフ 本体 1枚
脇
20
落としキルティング
20
※裏に裁ち切りの厚手接着芯をはる

仕立て方

① 本体（表）
本体（裏）
裁ち切りの厚手接着芯
わ
中表に二つ折りし、脇を縫う
中袋も同様に縫う

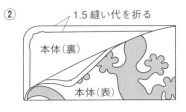

② 1.5 縫い代を折る
本体（裏）
本体（表）
表に返して口の縫い代を折る

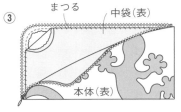

③ まつる　中袋（表）
本体（表）
本体の口にファスナーを半返し縫いで縫いつけ
中袋を入れてファスナーにまつりつける

35 Kaimana Hila

型紙＊A10

材料
アップリケ布各種…適宜
縁布…40×45cm
裏布・キルト芯…各50×50cm
花・葉用布各種…適宜
直径0.4cmビーズ…33個

作り方
1）裏布、キルト芯を重ね、アップリケをして中央部分を作る。
2）縁布を作り、1）の裏に中表に重ねて周囲を縫う。
3）縁布を表に返して中央部分にまつる。
4）パームツリーをアップリケし、ブーゲンビリアを縫いつける。

ブーゲンビリア
花びら表裏各33枚
葉表裏各15枚

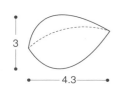

3
4.3

※作り方は 63、111 ページ参照

本体 1 枚

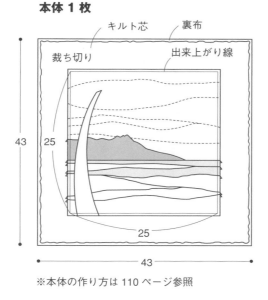

キルト芯　　裏布
裁ち切り　　出来上がり線
43
25
25
43

※本体の作り方は 110 ページ参照

縁布 4 枚

裁ち切り
35.5
10.5

※縫い代は 1.5cm

縁布の作り方

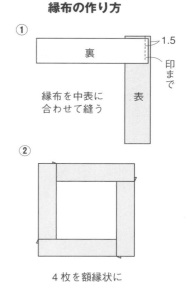

① 裏　　1.5
印まで
表
縁布を中表に
合わせて縫う

②
4 枚を額縁状に
縫い合わせる

まとめ方

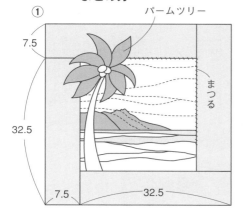

① パームツリー
7.5
まつる
32.5
7.5　　32.5

111 ページを参照して
本体と縁布を縫い合わせ
パームツリーの葉と実をアップリケする

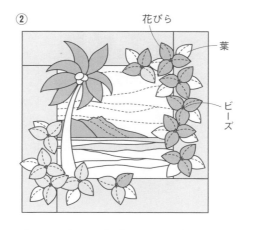

② 花びら
葉
ビーズ

ブーゲンビリアの花、葉、ビーズを縫い止める

実物大型紙

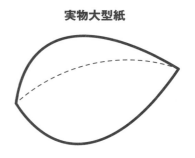

36 Balihai Sunset

型紙＊A11

材料

アップリケ布各種…適宜
パームツリーアップリケ布…35×45cm
空アップリケ布…30×45cm
縁布…40×60cm
裏布・キルト芯…各50×60cm

花びら用布…50×30cm
葉用布2種…各50×20cm

作り方

1）アップリケ、縁布をつけてトップをまとめる。
2）裏布、キルト芯にトップを重ね、しつけをかけてキルティング。
3）キルト芯を裁ち切りにカットし、トップを折り返してくるむ。
4）裏布の縫い代を折り、折り返したトップにまつる。
5）花びらと葉を作り、縫いつける。

本体 1 枚

落としキルティング

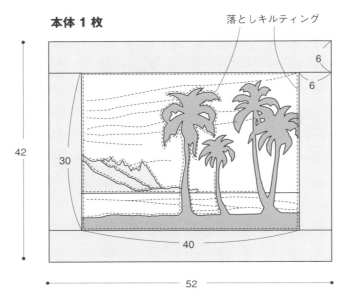

42
30
40
52
6
6

花びら表裏各 25 枚

4
2.1

※作り方は63、111ページ参照

葉表裏各 15 枚

型紙に合わせてカットする
※作り方は63、111ページ参照

本体の作り方

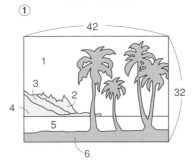

①
42
1
3
2
4
5
6
32

中央部分を順番通りに
アップリケしてまとめる

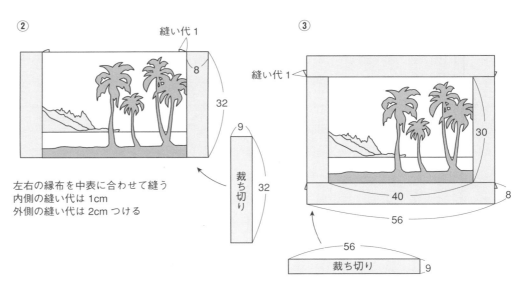

②
縫い代 1
8
32
9
裁ち切り
32

左右の縁布を中表に合わせて縫う
内側の縫い代は 1cm
外側の縫い代は 2cm つける

③
縫い代 1
30
40
56
8

56
裁ち切り
9

上下の縁布を中表に合わせて縫う
内側の縫い代は 1cm
外側の縫い代は 2cm つける

仕立て方

①
裏布をよける

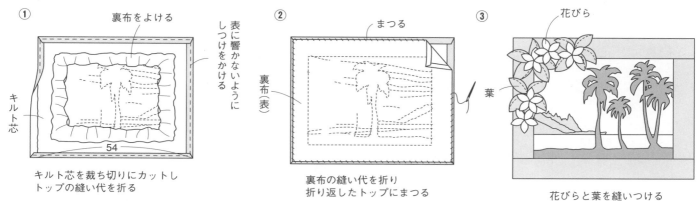

表に響かないように
しつけをかける

キルト芯

54

キルト芯を裁ち切りにカットし
トップの縫い代を折る

②
まつる

裏布（表）

裏布の縫い代を折り
折り返したトップにまつる

③
花びら

葉

花びらと葉を縫いつける

花びらのつけ方

まつる

風車に重ねて中心でまとめ
片側のみまつる

葉のつけ方

5枚を中心でまとめて
本体に重ね、葉脈を
キルティングして
縫いつける

実物大型紙

花びら

37 Moonlight Manta

型紙＊B16

材料
アップリケ布各種…適宜
縁布…45×50cm
裏布・キルト芯…各50×50cm
花芯用布…20×10cm
花びら用布2種…各30×20cm

葉用布2種…各40×30cm
マンタ用布2種…各20×15cm

作り方
1）裏布、キルト芯を重ね、アップリケをして中央部分を作る。
2）縁布を作り、1）の裏に中表に重ねて周囲を縫う。
3）縁布を表に返して中央部分にまつる。
4）アンスリウムとマンタを作り、縫いつける。

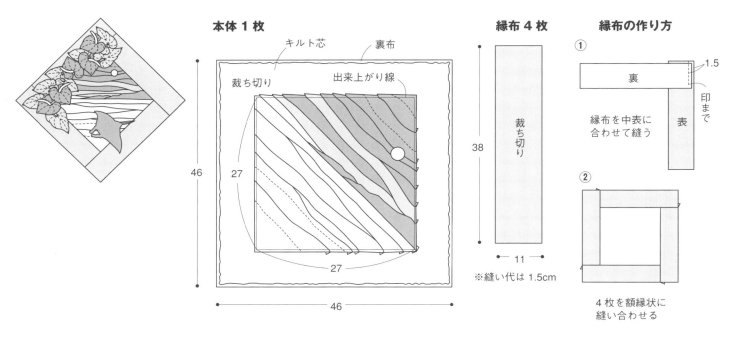

本体 1 枚

縁布 4 枚

縁布の作り方

※縫い代は 1.5cm

4枚を額縁状に
縫い合わせる

本体の作り方

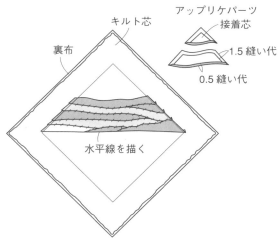

アップリケパーツの裏に接着芯をはり
水平線側から順番に上に裏布まですくってまつる
水平線から下も同様に作る

アンスリウム

花芯表裏各 5 枚

1.8
5.2

花びら表裏各 5 枚
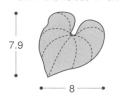
7.9
8

葉小表裏各 5 枚
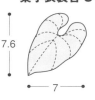
7.6
7

葉大表裏各 3 枚
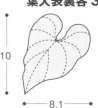
10
8.1

マンタ表裏各 1 枚
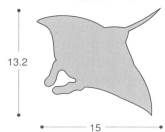
13.2
15

アンスリウム、マンタの作り方

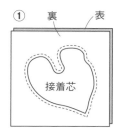

① 裏　表
接着芯

片側にモチーフの形に
カットした接着芯をはり
中表に合わせて
接着芯のきわを縫う
作り方は 63 ページも参照

② 0.2
切り込み

縫い代 0.2cm を残してカットし
接着芯と反対側の布に
切り込みを入れて表に返す

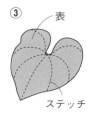

③ 表
ステッチ

ステッチを入れる

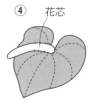

④ 花芯

花びらは花芯を
まつりつける

仕立て方

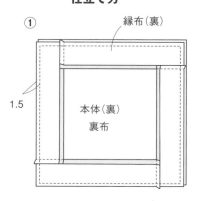

① 縁布(裏)
1.5
本体(裏)
裏布

本体の裏に縁布を中表に
合わせて周囲を縫う

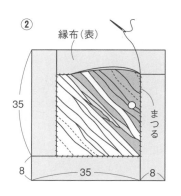

② 縁布(表)
35
まつる
8　　35　　8

縁布を表に返し、中央部分にまつる

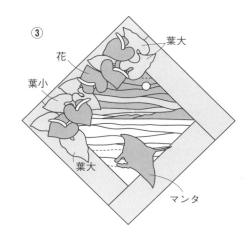

③ 葉大
花
葉小
葉大
マンタ

アンスリウム、マンタを縫いつける

Afterword

キルトのパターンをいちからデザインすることは難しいかもしれませんが、既存のパターンを応用してデザインを展開していくことは案外簡単にできることです。
今回はデザインの応用の方法をご紹介しましたが、これを参考にしてあなた独自のキルトを作ってみてください。人と違うキルトが出来上がることに、きっと面白さを感じられるはずです。

この本に掲載するキルトを製作中に母が亡くなりました。最後は母のベッドの脇で毎日チクチクしていたことが心に残ります。私にたくさんのものを残していってくれた母に心から感謝し、この本を贈りたいと思います。

Profile

マエダメグ

グラフィックデザイナー・キルトデザイナー・キルト作家・キルト講師。多摩美術大学グラフィックデザイン科卒業。長年グラフィックデザインの仕事をしてきたことに裏打ちされたデザイン力で、独自のデザイン性の高い、新しいキルトを製作。現在グラフィックデザインの仕事を続けながら月に15のクラスを持ち、アメリカのキルトアカデミーでも講師を務める。
著書「ハワイアンキルトのこもの」「ハワイに咲くキルト」(パッチワーク通信社)「デザイナーズ・ハワイアンバッグ」「ハワイに暮らすキルト」「ハワイアンキルトのある部屋」(グラフィック社)
https://heartandart.amebaownd.com

Staff

撮影　福田諭
アートディレクション　マエダメグ
デザイン　マエダメグ
コピーライティング　マエダメグ
作図　大島幸
編集　恵中綾子(グラフィック社)

製作　高谷順子・矢沼さやか
協力　飯田順子・石阪幸子・久能啓子・郡司光子・渋谷舞・三崎陽子
　　　宮島智子・宮田葉子・力武ちえ美

撮影協力
cinq
〒330-0073
埼玉県さいたま市浦和区元町2-9-7
tel.048-886-5000
https://cinqcafe.com/

ハワイアンモチーフの
キルトデザイン
ハワイアンキルトのデザインの楽しみ方

2021年7月25日　初版第1刷発行

著　者　マエダメグ
発行者　長瀬聡
発行所　株式会社グラフィック社
　　　　〒102-0073
　　　　東京都千代田区九段北1-14-17
　　　　tel.03-3263-4318(代表)
　　　　　　03-3263-4579(編集)
　　　　fax.03-3263-5297
　　　　郵便振替　00130-6-114345
　　　　http://www.graphicsha.co.jp
印刷製本　株式会社シナノ パブリッシング プレス